God's Big Picture

LaDonna C. Osborn

하나님의 큰 그림

하나님의 계획 안에서 자신을 발견하기

라도나 C. 오스본 지음

믿음의말씀사

All Scripture is from the *New King James Verson*,
Copyright 1982 by Thomas Nelson, Inc.

God's Big Picture : Finding Yourself in God's Plan
ISBN 0-87943-114-8
Copyright 2001 by LaDonna C. Osborn
Printed in the United States of America
All Rights Reserved.

하나님의 큰 그림
(God's Big Picture)

1판 1쇄 인쇄일 · 2008년 12월 12일
1판 1쇄 발행일 · 2008년 12월 15일

지 은 이　라도나 C. 오스본
옮 긴 이　문 지 숙
발 행 인　최 순 애
펴 낸 곳　믿음의 말씀사
주　　소　경기도 용인시 기흥구 마북동 323-4
전화번호　(031) 8005-5493　FAX : (031) 8005-8897
홈페이지　http://faithbook.kr
출판등록　제68호 (등록일 2000. 8. 14)

ISBN 89-90836-70-0　03230
값 5,500원

목 차

복음의 개관 (Preview of the Gospel)
속량의 복음 ·· 36
네 장면으로 구성된 한 장의 그림 ············· 38
속량은 기적이다 ······································· 40
복음 – 성경의 핵심 ··································· 43

첫 번째 장면 하나님의 창조 (God's Creation)
하나님의 형상 – 인간의 존귀함을 위한 계획 ········ 53
남자와 여자 – 평등하게 창조됨 ·················· 57
하나님의 '한 몸' 원형 ································ 58
목적의 하나님께서 목적의 인간을 창조하셨다 ······ 60
영적 권능 – 인류에게 맡겨짐 ····················· 64

두 번째 장면 사탄의 속임 (Satan's Deception)
신뢰 : 관계의 결속성 ································ 71
하나님의 완전하심을 의심하다 ·················· 74
죽음 – 이것은 무엇인가? ··························· 75
죄의 결과들 ·· 77
존귀에서 수치로 ······································· 78
동등함에서 분리로 ···································· 80
목적 있는 삶에서 두려움으로 ····················· 82
고립의 긴 그림자 ······································ 84
하나님의 사랑의 선언 ································ 87

세 번째 장면 그리스도의 대속 (Christ' Substitution)
인간의 딜레마 ········· 93
하나님의 주도하심 ········· 94
그리스도의 생명이 인류의 소망이 되다 ········· 96
예수 그리스도의 죽음이 인류의 사망 선고를 뒤집다 ··· 99
파괴된 사탄의 권세 ········· 101
승리하신 그리스도의 생명 ········· 103
수치가 용서에 굴복하다 ········· 105
분리가 교제관계에 항복하다 ········· 105
두려움이 평화로 극복되다 ········· 106

네 번째 장면 우리의 속량 (Our Redemption)
우리는 하나님의 기적에 동참한다 ········· 116
믿음 – 하나님의 주도하심에 대한 우리의 반응 ····· 118
하나님과 다시 연합될 때 어떤 일이 일어나는가? ···· 120
회복된 인간의 존귀함 ········· 123
다시 불이 켜진 원래의 평등 ········· 126
새로워진 하나님의 목적 ········· 129
다시 초점이 맞추어진 그림 ········· 134
우리는 어디로 가야하나? ········· 135

에필로그
하나님의 계획 안에서 자신을 발견하기 ········· 143

라도나 C. 오스본의 국제 사역 ········· 156

추천사

 성경 전체는 하나님을 부인하고 소망 없이 살아가는 죄인들을 구원하신 하나님의 사랑 이야기입니다. 그러나 처음부터 성경을 읽고 이해하여 예수님을 구원자로 믿고 구원을 받는 경우는 극히 드뭅니다. 대부분의 사람들은 그리스도인이 말이나 글로 전해 준 복음을 듣고 믿고 구원을 받습니다.

 구원 받은 그 순간부터, 우리는 다른 사람에게 이 기쁜 소식을 전하는 전도자로서 많은 사람들에게 복음을 전하는 삶을 시작합니다. 특히 오중 복음 사역자로(엡 4:11) 부름 받은 사람들은 하나님의 말씀을 전하고 가르치는 모든 기회마다, 복음을 중심으로 설교하고 가르치는 일에 전념합니다. 그 중에도 특히 "복음전도자(Evangelist)"는 하나님을 알지 못하는 사람들을 상대로 전도 집회를 준비하여 기회를 만들고, 몇 번의 설교를 통해 단순하고 확실한 복음을 전하며, 따르는 표적과 기사로 그 복음을 확증하여 많은 사람들에게 구원받을 수 있는 기회를 줍니다.

　티 엘과 데이지 오스본 목사님 부부는 이십대에 이 일에 헌신하여 반세기가 넘도록 가장 복음이 전파되지 않은 소위 제 3세계의 나라에 가서 복음을 전하는 복음전도자로서 평생을 바치신 분들입니다. 이 책에서는 그러한 두 분 사이에 태어난 딸인 라도나 오스본 목사님이 평생 부모님으로부터 듣고 스스로 깨우친 복음을 네 개의 단어로 설명하고 있습니다. 이 네 가지 진리는 많은 사람들이 복음을 쉽게 전하는 방법으로 단순화해서 설명해왔던 내용입니다. 그러나 이 책에서 간단한 그림과 함께 네게의 단어로 단순화하여 그려내는 이미지는 복음을 이해하는 데 많은 도움이 될 것입니다.

　이 책은 가장 중요한 주제인 복음을 가장 단순하고 정확하게 전하는 좋은 도구가 될 것입니다. 새 신자에게 처음부터 이런 저런 교리나 방법을 가르쳐 주는 것 보다는, 먼저 하나님의 사랑을 네 개의 개념으로 정리하여 정확한 복음을 알게 도와주는 것이 더 중요합니다.

글씨를 모르는 어린이에게도 설명할 수 있도록 색종이 몇 페이지로 복음을 표현한 "글 없는 그림책"에서 시작해서 신약 성경 로마서의 네 개의 성경구절을 사용하여 복음을 전할 수 있도록 한 "로마서의 길"까지, 그 외에도 "다리전도", "사영리", "전도폭발" 등 복음을 보다 쉽고 단순하게 전하기 위한 다양한 방법들이 개발되어 효과적으로 사용되고 있습니다.

세계적인 복음전도자 티엘 오스본 목사님에게서 배운 라도나 오스본이 전하는, 네 개의 그림과 개념과 단어로 표현한 단순하고 쉽고 확실한 복음을 통해서, 여러분의 복음에 대한 이해와 전달에 더 분명한 계시가 일어나고, 그리스도를 증거 하는 일에 성령님이 더욱 크게 역사하시기를 바랍니다.

2008년 12월 10일

김 진 호 목사

예닮교회 담임목사, 예수선교사관학교장

메달처럼 보이는 이 그림은 **"하나님의 큰 그림"**,
즉 복음이 전개되는 전경을 글 없이 상징화한 것입니다.

이 형상은 복음의 드라마의 네 개의 장면을 묘사한 것입니다.
생명나무는 '**하나님의 창조**(God's Creation)'를 나타냅니다.
뱀은 '**사탄의 속임**(Satan's Deception)'을 일깨웁니다.
십자가는 '**그리스도의 대속**(Christ's Substitution)'을 묘사합니다.
마지막으로, 새롭게 개화한 꽃은
'**우리의 회복**(Our Restoration)'을 의미합니다.

생명의 근원이 되는 포도나무는
이 이야기 전체를 감싸고 있으며,
사랑의 하나님이 그러하듯
처음부터 끝까지
하나님의 속량의 영원한 계획 속에 있습니다.

바치는 글

이 책을 나의 소중한 기억 속에 계신 나의 어머니, **데이지 워시번 오스본 박사**(Dr. Daisy Washburn Osborn)께 드립니다.

라도나 오스본과
데이지 워시번 오스본

그녀는 내 인생 최초로 사랑이 넘치는 영원한 부모의 개념을 가르쳐주신 분이었습니다. 그녀는 그녀의 변함없고 용기 있는 삶을 통해서, 하나님의 말씀이 그것을 기꺼이 자신의 삶의 원동력으로 삼고자 하는 그리스도의 제자를 통해서 전해지고 있음을 보여주셨습니다. 데이지 박사는 나의 가장 열정적인 원조자였으며, 가장 신뢰할 수 있는 친구이자, 누구보다도 예수님 중심의 상담자였으며, 그리고 가장 존경하는 제 인생의 역할 모델이었습니다.

어머니는 미국에서 편안하고 안전한 생활을 누릴 수도 있었지만, 아버지 티 엘 오스본 박사와 함께, 예수님의 사랑을 전혀 알지 못하는 수십만의 사람들에게 주 예수님의 복음을 전하기 위해 세상 끝으로 가는 길을 선택했습니다. 나는 그녀가 수많은 도전과 모험을 겪을 때 그녀의 곁에 있었고, 하나님의 능력이 함께 하시는 것을 보아왔습니다. 세상 끝으로 가기로 한 그녀의 결심이 나의 어린 시절의 경험들을 결정하여, 나는 세상의 모든 문화와 종교의 사람들을 실제적으로 경험했으며, 국제적인 외교와 하나님의 사역을 위해 쓰이도록 준비되어 갔습니다.

나의 어머니가 제게 예수님을 알게 하셨습니다. 그녀를 보면서 나는 주님을 나의 최고의 모델로 생각하게 되었고, 나의 문화와 전통, 그리고 성별을 능가하는 하나님의 성경적 원칙으로 살게 되었습니다. 그녀는 셀 수 없이 많은 형태의 영적, 사회적 속박에 얽매인 사람들을 위한 열정적인 자유의 전령사였습니다. 그녀는 많은 사람들이 "여자는 할 수 없다"고 말하는 일을 해냈습니다. 여성들을 제한하는 그들의 논쟁이 제게는 헛되게만 들렸습니다. 여자는 할 수 없다고 말하는 그것들을 나의 어머니는 해냈기 때문입니다! 그녀가 성경적인 기독교 사역에서 지핀 불은 수많은 사람들이 하나님의 부르심에 응하고 그 길을 따를 수 있도록 만들었습니다.

1995년 5월 25일 타계한 데이지 워시번 오스본 박사는 육의 자녀인 저를 통해, 그리고 그녀를 여전히 "엄마"라고 부르는 전 세계의 수천 명의 영적인 아들과 딸들을 통해 살아계십니다.

감사의 말씀

이 책이 출판 되어 세상에 나오도록 도움과 용기를 주신 분들께 특별한 감사를 드립니다.

나의 남편인, 코리 닉커슨(Cory Nickerson)은 52개나 되는 속량에 관한 오디오 설교를 끈기 있게 녹취해 주었고, 엄청난 분량의 "좋은 자료"들을 내게 찾아주었습니다.

나의 에이전트인 스테이시 제닝스(Stacie Jennings)는 네 장면으로 펼쳐지는 복음의 내용들이 그리스도인뿐 아니라, 불신자들에게도 살아있는 진리를 아주 효과적으로 전하는 수단이 될 것이라고 단언했습니다. 나는 그녀에게 전 세계의 많은 교회의 지도자들이 이 책을 기다리고 있다고 말했었습니다. 러시아어와 중국어 번역가는 벌써 준비된 상태였지요. 그러자 스테이시는 "미국도 당신의 메시지가 필요해요."라고 말했습니다.

나의 친구인 델리 바너 박사(Dr. Delly Varner)

는 본래의 52개 과를 적당한 분량의 글로 줄이는 정말 피곤한 일을 감당했습니다. 그녀의 수고와 격려가 일을 추진할 수 있도록 용기를 주었습니다.

나의 친구 조지(George)와 우디 테럴(Woodie Terrell)은 이 책에 소개되는 하나님의 말씀이 얼마나 권세가 있고, 타당성이 있는지에 대한 살아있는 증인들입니다. 20년 넘도록 율법적이고 소진되고 거짓된 종교생활을 했던 그들은, 하나님의 큰 그림을 "보았고", 믿게 되었으며, 그리고 그것을 다른 사람들과 나누게 되었습니다. 그들은 전화상으로, 이메일을 통해서, 직접 만나서, 편지로, 늘 제게 이 책이 사람들에게 희망과 해결책이 될 것이라고 일깨웠습니다. 제가 참으로 감사한 것은 그들이 정확한 성경 인용을 위해서 많은 시간을 할애했다는 것입니다.

나의 신실한 동료이자 친구인, 샤이에나 멀-앤서니 박사(Dr.Chyanna Mull-Anthony)는 제가 다른 국제 사역으로 인해 이 원고들을 다른 "미결" 프로젝트 사이로 밀쳐놓게 될 때마다, 실의에 빠진 제 곁에 있어주었습니다. 그녀는 전화가 안 되는 곳이나, 산만하지 않은 외딴 곳에 장소를 마련해 주고, 제가 이 책을 완성하도록 격려해 주었습니다. 그녀는 제가 설교를 못하게 되거나 전화에 응답해 주지 않는다고 불만을 가진 사람들의 비판을 다 받아 주며, 제가 이 책에 우선순위를 둘 수 있도록 해 주었습니다.

나의 아버지 티 엘 오스본 박사(Dr. T.L Osborn)는, 씨앗이 싹 트는 것같이 사람들의 손에 복음의 책들이 들려 있는 것이 얼마나 중요한지를 강조하기 위해 그의 사역과 글 쓰는 작업을 잠깐씩 중단하기도 하셨습니다. 그분은 제가 쓴 내용의 명확성을 높이기 위해 소중한 제안들을 해 주시며, 초안을 읽고 또 읽으셨습니다. 아버지는 이렇게 말씀하곤 하셨습니다. "딸아! 네가 성경에 대해 아는 것과 수많은 나라의 고통 받는 사람들 가운데서 확실히 보았던 그것이 세상을 바꿀 메시지가 된단다. 네가 설교한 것은 잊혀질지 모르지만, 네가 쓰는 것은 살아서 주님이 오실 때까지 생명의 싹을 틔울 것이다."

마지막으로, 우리 오스본 국제 사역의 직원들에게 감사를 드립니다. 특히, 오랫동안 저와 저의 부모님의 복음 사역을 위해 일해 온 샘 오스본(Sam Osborn)과 빌리 맨투스(Billie Mantooth)에게 감사를 드립니다. 이 출판 전문가들의 마지막 내용 감수는 더 없이 소중한 도움이 되었습니다.

소개의 글

속량은 복음의 성경적 주제입니다

티 엘 오스본과 라도나 오스본

이것이 그리스도께서 교회와 모든 믿는 자들에게 전하라고 명하신 것입니다. 이것이 바로 하나님의 생명(Divine life)이 어떻게 지금 인간에게 전이될 수 있는지에 대한 계시입니다.

이 책을 쓰면서, 라도나 오스본 박사는 복음을 구성하는 것과 속량에 대한 네 장면의 파노라마를 그렸습니다. 나는 이 고전적인 책이 전 세계의 모든 성직자에서부터 평신도까지 관통할 수 있는 가장 생생한 개념들을 알려줄 것이라고 믿습니다.

국내외에 걸친 나의 오랜 경험에서, 나는 극소수의 목소리들만이 사도 바울의 불타는 속량의 복음의 핵심적인 요소들을 선포하고 있었던 것이 매우

안타까웠습니다. 그래서 극소수만이 하나님을 믿는 데 꼭 필요하며 없어서는 안 될 기본들을 알고 있는 것 같습니다.

왜 우리는 칼빈, 루터, 웨슬리, 윗필드, 피니, 스퍼전, 그리고 무디 같은 이름을 기억할까요? 그들이 복음(Gospel)을 선포하는 자들이었기 때문입니다. 그들의 메시지와 사역은 속량의 진리에 근거를 두고 있었습니다. 그들에게는 그것이 살아있고 불타는 계시였습니다.

같은 시대에 수천 명의 다른 목사들이 있었습니다. 왜 우리는 그들을 기억하지 않을까요? 그들의 메시지는 피상적인 것에 그쳤기 때문입니다. 그들에게는 속량의 복음이 삶을 바꾸는 계시가 아니었기에 그들의 사역에서 우선순위가 될 수 없었으며 그들은 잊혀졌습니다.

이 책의 저자는 복음의 성경적인 사실을 전달하는 일에 열정적입니다. 이는 사도 바울과 마찬가지로 그녀의 사역의 두드러진 특징이기도 합니다. 사람들에게 속량의 비밀을 알리는 것이 그녀의 사역의 우선순위입니다. 그것이 이 책의 존재 이유이며, 주님이 오실 때까지 이 책에서 삶을 바꾸는 영향력이 계속 생겨나는 이유입니다.

복음은 속량의 좋은 소식입니다. 만약 이것이 선포되지 않는다면, 누구도 복음을 이해할 수 없을 것입니다. 또한 이해할 수 없다면 믿을 수도 없을 것입니다. 믿지 않는다면, 인간은 구원될 수 없습니다. 복음은 하나님의 구원의 능력입니다(롬 1:16).

사도 바울은 "그런즉 저희가 믿지 아니하는 이를 어찌 부르리요? 듣지도 못한 이를 어찌 믿으리요? 전파하는 자가 없이 어찌 들으리요?"(롬 10:14)라고 반문했습니다.

만약 인간에 대한 하나님의 속량의 내용이 명확하지 않다면, 사람들은 구원의 완전함을 경험하지 못한 채 종교적인 기독교의 형태를 받아들일 것입니다. 그들은 충성스러운 교인이 되겠지만, 여전히 불안 속에 살고, 원수의 속임과 정죄에 공격받기 쉬운 상태로 남아 있습니다.

라도나 오스본 박사가 여기에서 제시하는 **창조**(Creation)와 **속임**(Deception)과 **대속**(Substitution)과 **회복**(Restoration)의 신기원적인 네 개

의 장면은 복음의 사건을 기술하고 있습니다. 그것들은 성경이 무엇에 관한 것인지에 대한 핵심으로 구성되어 있습니다.

"하나님의 큰 그림"은 이러한 네 가지 성경적 사건들의 의미에 초점을 두고 쓰였으며, 또한 그것을 받아들이자마자 독자들이 어떻게 변화하는지 밝히기 위해 쓰였습니다.

일단 이 네 가지 사실을 이해하면, 성경을 이해하게 됩니다. 그것들을 믿는 것과 받아들이는 것을 우리는 믿음이라고 부릅니다. 구원받고 치유받는 믿음은 한 사람의 심령 안에서부터 단순히 속량적 사실의 핵심을 이해함으로써 만들어집니다. 그것이 이 책의 목표입니다.

사람들은 종종 '오스본 국제 사역'의 오랜 성공의 비밀을 알고 싶어 합니다. 그것은 우리가 이 책에서 분명하게 밝힌 네 가지 성경적 사실의 핵심을 끊임없이 전달하고 있기 때문입니다.

라도나 오스본 박사는 이 핵심적인 복음의 사실을 그녀의 가장 소중하고 가장 중대한 계시로 받아들입니다. 이 계시는 그녀의 확고부동한 믿음의 이

유이자, 이 세대의 수많은 사람들을 향한 그녀의 사역의 이유가 되었습니다.

"하나님의 큰 그림"은 위대한 속량의 파노라마를 그립니다. 수세기 동안 기독교 사역자들은 성경적인 진리들을 설교하고 기록해왔습니다. 하지만 내가 아는 그 누구도 이 책에 제시된 바와 같이 간결하지만 강력한 네 가지 장면의 골격으로 압축한 사람이 없었습니다.

나는 목사님들과 교사들과 학생들에게, 당신도 사도 바울처럼 예수 그리스도와 그의 십자가에 못 박히신 것 외에는 아무 것도 알지 아니하기로 작정하기까지, 또한 (당신의) 말과 설교가 인간의 지혜에 있지 아니하고 성령과 그 분의 능력이라는 것을 알게 되어, (사람들의) 믿음이 (인간의) 지혜에 있지 않고 하나님의 능력에 있게 하기까지 이 장면들의 의미를 깊이 묵상할 것을 촉구합니다(고전 2:2-5).

나는 믿는 성도들에게 이 단순하지만 복음의 핵심으로 구성된 중추적인 장면들을, 당신의 마음도 사도 바울처럼 '그리스도를 향하는 진실함과 깨끗함에서 떠나 부패하는 것을 허용'(고후 11:3)하지 않을 결단을 할 때까지 깊이 묵상할 것을 촉구합니다.

이제 우리는 새천년, 새로운 세기에 놓여 있습니다. 이 생생한 책은 복음의 핵심이 무엇인지 이해하게 함으로써, 명확한 이해와 성경적 단순명료함에 대한 새로운 부흥을 싹틔울 것입니다.

이전에 복음에 문을 닫았던 나라들이 그리스도의 메시지에 급하게 문을 열고 있습니다.

이 책의 저자는 최근, 매일 하루에 다섯 번씩 설교하는 혹독한 사역을 마치고 중국에서 돌아왔습니다. 그녀는 지금 막 만다린어로 번역된 수톤의 책을 나누어 주었고, 그 책들은 8천 개가 넘는 지하 교회로 퍼져나가고 있습니다. 그녀는 중국과 러시아와 15개의 복음이 전해지지 않은 구소련 공화국들을 눈여겨보고 있습니다. 이 책은 그녀가 세계와 열정적으로 나누었던 속량의 메시지입니다.

유라시아에서는 70년이 넘도록 사람들을 공산주의자의 노예로 만들어 하나님에 대한 어떤 지식도 금하고 있었습니다. 라도나 오스본 박사는 구소련의 가장 큰 10개의 도시들에서 사역을 했으며,

이 책의 핵심을 선포했습니다. 그녀의 설교를 들었던 수백 명의 사람들은 이미 전임 사역에 뛰어들었습니다. 이 세대의 나라들은 미국식 신학에는 흥미가 없습니다. 그들은 성령과 권능이 나타나는 복음, 단순하고도 명쾌한 복음을 원하고 있습니다.

복음은 예수님께서 그의 제자들에게 전하게 하신 것입니다. 복음은 예수님께서 확증하기로 약속한 것입니다. 복음은 역사하는 것이며, 예수님이 다시 오실 때까지 우리 안에서 살아있는 믿음, 소망, 그리고 사랑을 만들어 낼 것입니다.

"하나님의 큰 그림"은 복음의 성경적 핵심입니다.

티 엘 오스본

저자 서문

이 책의 내용은 너무나 단순하지만 그 의미는 놀랍도록 심오합니다

마음에 구체화된 이미지는 하나님과 세상과 자신에 대해 생각하는 방식을 새롭게 하여, 독자들의 종교적 편견의 가장 깊은 곳에 영향을 미칩니다.

이 책은 속량에 대한 종합 이론서가 아닙니다. 속량이라는 주제에 대해서 속속들이 설명하는 성경 공부가 아닌 것입니다. 이 책은 성경적 믿음의 근본적인 핵심을 밝히려는 시도이며, 당신과 나와 같은 사람들에 대한 하나님의 계획을 펼쳐 보이는 데 중점을 두었습니다.

"하나님의 큰 그림"은 창세기에서 시작해서 계시록까지 이어지는 성경의 중심 주제를 다루고 있습니다. 성경은 인간을 위한 하나님의 계획을 명확하게 밝히고 있으며, 인간의 삶의 목적을 완성하기 위해 꼭 필요한 정보를 담고 있습니다. 그것은 소수의 엘리트를 위한 비밀이 아닙니다. 이것은 모든 인간을 위한 하나님의 사랑의 계획의 장대한 파노라마입니다.

창세기의 첫 두 장은 그의 피조물에 대한 하나님의 본래 꿈에서부터 시작합니다.

창세기 3장에서는 하나님의 계획을 방해하려는 사탄의 계획이 드러나며, 이어서 하나님의 꿈을 회복시키려는 하나님의 전략을 예고하게 됩니다.

창세기 4장에서부터 11장까지는 피조물의 타락의 결과와 인류에게 새로운 시작을 주려는 하나님의 결심을 자세하게 묘사하고 있습니다.

창세기 12장은 (그리고 구약 전체를 통하여) 아브라함과 사라에게 주신 약속에서 선포하신, 인류를 위한 하나님의 속량 계획의 이야기로 시작됩니다.

출애굽기는 하나의 역사적 사건에 나타난 하나님의 계획의 극적인 그림으로, 그의 백성의 이집트에서의 노예살이에서 시작하여 구원자의 탄생, 그리고 그의 백성 중에 거하시는 하나님의 광야 장막의 완성으로 끝을 맺습니다.

나머지 모세오경에서부터, 역사서, 지혜서, 예언

서의 말씀을 통해, 하나님은 그의 피조물에게 말씀하십니다. 역사적인 사건들, 즉 경배 장면과 희생제사와 축제 등과 다른 많은 방법을 통해, 하나님은 사랑의 창조자이시며 신실한 구원자이신 자신을 드러내십니다. 구약 전체는, 인간의 반복되는 불순종에도 불구하고 오셔서 그의 피조물을 구원하기로 한 하나님의 계획을 예고하는 것으로 요약됩니다.

신약의 마태, 마가, 누가, 요한복음은 하나님이 약속하셨던 구원자, 예수 그리스도의 오심을 알리고 있습니다. 그분은 구약에서 말씀하셨던 모든 소망의 예언들과 구원의 모든 약속들을 이루십니다. 그리스도의 이 땅에서의 삶과 사역은 인간에 대한 하나님의 본래의 계획의 완성을 드러내십니다.

이어서 신약의 사도행전에서 유다서까지는, 그리스도를 믿는 사람들을 통해 나타난 하나님의 활동에 반응하는 평범한 사람들에 대한 영감 있고 교훈적인 설명들입니다.

성경의 마지막 권인 계시록은 희생양이며 동시에 승리의 왕이신 예수를 통해서 모든 원수들을 이

기신 하나님의 최후의 찬란한 승리와 영광이 멋진 그림같이 쓰였습니다.

"하나님의 큰 그림"은 성경, 즉 복음의 중요한 이야기의 줄거리를 제시합니다. 이 책을 읽는 모든 사람들의 삶 속에서 하나님의 놀라운 속량의 계획이 명확해지고 직접적인 의미를 가지도록 커다란 네 개의 사건이 펼쳐지게 됩니다.

"하나님의 큰 그림"이 성경적으로 조망되면, 혼돈이 있는 곳에서는 명쾌함이 있을 것이요, 적대적인 반감이 있는 곳에 계시가, 불안이 있는 곳에 평화가, 그리고 다툼이 있는 곳에 해결책이 있을 것입니다.

많은 기독교 서적들이 죄나 구원과 같은 복잡한 신학적 주제들을 해석하거나, 기도나 인내 같은 것을 평범한 성도들에게 설명하기 위해 쓰였습니다, 이 책의 목적은 해석하거나 설명하고자 하는 것이 아니라, 한 사람의 인생을 바꾸는 살아있는 믿음을 경험하도록 독자 한 사람 한 사람을 초대하는 것입니다.

무엇이 나로 하여금 이 책에서 전하고 있는 실재

들이 그런 담대한 주장을 이룰 수 있다고 주장할 자격을 주었을까요?

그것은 내가 전 세계의 사람들에게 하나님의 복음을 전하는 일이 주요한 사역이었던 나의 부모님(티 엘 오스본 박사와 데이지 워시번 오스본 박사)의 손에 자란 큰 축복을 누렸기 때문입니다. 내가 태어난 해(1947년)에, 우리 가족은 비기독교국가에서 대중 복음 전도 집회를 개척하고, 초자연적인 표적과 기사의 나타남과 함께, 예수 그리스도를 통하여 하나님과의 새로운 관계 속으로 사람들을 효과적으로 데려오는 방법을 실행하면서 각국을 여행하기 시작했습니다. 세상은 말 그대로 나의 놀이터였고, 다른 피부색과 다른 문화적 생활 방식을 가진 아이들이 내 소꿉친구들이었습니다.

세계의 사람들 속에서 기독교 사역을 하는 일생 동안, 나는 성경적인 진리가 문화와 전통을 뛰어넘는다는 것과 고유의 종교와 민족 문화와 국가 전통을 가진 사람들이 복음을 믿고 받아들이려면, 복음이 선포될 뿐 아니라 반드시 실제로 증명되어야 한다는 것을 배웠습니다.

소망과 사랑의 하나님의 메시지를 모든 사람에게 전하는 자로서, 우리는 성경적 믿음의 핵심들을 명확하게 이해될만한 방법으로 전달해야 합니다.

속량의 진리는 전체 인류에 대한 하나님의 변함없는 계획과 관계가 있기 때문에, 어떤 환경 속에서도 효과적이며, 모든 사람에게 유효합니다.

"하나님의 큰 그림"은 성경적 진리의 핵심입니다. 나는 인류의 속량을 위한 하나님의 계획을 전하기 위해 온 세계의 사람들에게 비유나 우화나 그림으로 극화하는 등의 많은 방법들로 이 파노라마를 제시해왔습니다. 이제 이 책은 독자들을 지루하고 지엽적인 종교적인 논쟁에 연관시키지 않고, 상상을 초월하는 하나님의 실제적인 사랑의 드라마를 이해하도록 독자들을 끌어올릴 것입니다.

이 복음의 고전은 독자와 작가 사이에, 발견과 실제적인 변화로 이끄는 토론이 이루어지도록 의도되었습니다. "하나님의 큰 그림"에서 그리고 있는 이 네 개의 기본적인 장면들은, 위선적인 종교 의식을 하나님과의 실제적인 관계로 대체할 수 있는 성경적인 진리들입니다.

"하나님의 큰 그림"은 수수께끼가 아니라, 사실적인 믿음을 소개하고 있습니다. 그것은 일시적인 유행이 아니라 영원을 견디는 완전한 것을 제시합니다. 이 복음의 파노라마를 통해, 하나님의 계획 안에서 자신을 발견할 수 있을 것입니다.

라도나 C. 오스본

복음의 개관
(Preview of the Gospel)

이 책은 인간을 향한

하나님의 본래의 계획과

인간을 위한 그분의 계획을

결코 포기하지 않겠다는

결단에 관한

성경의 파노라마적인

관점을 보여줍니다.

성경은 하나님께서 인간들의 죄에도 불구하고 인간을 얼마나 신뢰하고 있으며, 인간을 하나님의 동역자로 회복시키기 위해 얼마나 많은 것을 쏟아 부으셨는지 강조하고 있습니다. 성경은 사람들로 하여금 그들의 일상생활 가운데 새로운 존엄성(renewed dignity)과 실제적인 동등함(vital equality)과 역동적인 목적을 주는 하나님의 생명을 경험하게 하는 하나님의 은혜와 사랑의 위대한 드라마를 나타냅니다. 본질적으로, 이것이 바로 '속량의 복음' 입니다.

속량의 복음

속량은 모든 영적인 계시의 기초입니다.

인류 속량의 드라마를 이해하는 것이 성경적인 진리를 푸는 핵심 열쇠입니다.

속량의 진리는 인간에게 존귀함과 소망을 주는 메시지를 전합니다.

인류를 위한 하나님의 속량은 인생의 골치 아픈

문제들에 대한 성경적 해결책입니다.

속량의 이야기는 살아서 움직이는 창조자의 사랑의 전개를 나타냅니다. 그것이 "하나님의 큰 그림"입니다.

속량을 이해하는 것은 하나님의 마음을 엿보는 것입니다. 복음, 즉 '구원에 이르는 하나님의 능력'(롬 1:16)은 교회에게 선포하도록 맡겨진 유일한 메시지입니다(막 16:15).

속량의 사실들은 예수님께서 무엇을 성취하셨는지 나타내고, 왜 우리를 위하여 그의 생명을 희생시켜야만 했는지 밝히며, 하나님의 속량으로 인간인 우리가 어떻게 되었는지 드러냅니다.

속량의 진리를 이해하는 것은 하나님에 대한 담대하고 변치 않는 믿음의 기초가 되며, 또한 균형 잡히고 확고한 그리스도인의 삶을 살기 위한 기초가 됩니다. 이런 속량의 원리들을 기꺼이 받아들이는 것은 성도들의 생각을 안정시키고 활력을 불어넣어 줍니다. 또한 그 원리들을 일상에서 실행하면 우리는 세상에서 그리스도를 확실히 증거하게 됩니다.

네 장면으로 구성된 한 장의 그림

"하나님의 큰 그림"은 인류를 위한 하나님의 아름다운 계획을 점진적으로 완성해 가는 이야기입니다. 이는 모든 성경적 진리의 핵심이 되는 네 가지의 중요한 사건을 묘사합니다. 이 사건들은 순서가 있습니다. 그 사건들은 분리되어서 단편적으로 연구가 되었지만, 한 틀에 같이 넣어져서 하나의 연속체로 다루어졌을 때에만 속량의 지식이 사람들의 삶을 바꿀 수 있습니다.

이 네 가지의 속량의 역동적 사건들은 다음과 같습니다.

1) 하나님의 창조(God's Creation)
2) 사탄의 속임(Satan's Deception)
3) 그리스도의 대속(Christ's substitution)
4) 우리의 회복(Our Restoration)

이 네 가지 중요한 사건들이 창세기에서 시작하여 전 성경을 통해 펼쳐지고 있습니다. 그 사건들은

복음의 개관

하나님의 독창적인 계획의 목적을 나타내고, 원수 마귀의 속임을 폭로하며, 그리스도의 속량의 사역을 상세히 해설하고, 그 사실을 받아들이는 각 개인 안에 있는 하나님의 부활의 임재를 설명합니다.

이러한 속량의 계시는 다음과 같은 것들을 가져옵니다.

멸시 받던 자들에게 존귀함을,
정죄 받는 자들에게 용서를,
흠 있는 자들에게 아름다움을,
좌절한 사람들에게 자신감을,
희망을 잃은 사람들에게 위로를,
타락한 사람들에게 이길 힘을,
혼란에 빠진 사람들에게 나아갈 방향을,
믿지 않는 사람들에게 믿음을,
무시당하는 자들에게 자존감을,
부정한 사람들에게 고결함을,
천한 사람에게는 고귀함을,
보통 사람들에게는 탁월함을,
소외된 사람에게는 존재의 회복을,
연약한 사람에게 능력을,

병약한 사람에게 건강을,
피곤한 자에게 힘을,
포로된 자에게 자유를,
약한 사람에게 안전함을,
절망한 사람에게는 소망을,
그리고 죽은 자에게 생명을.

속량은 기적이다

내가 복음을 부끄러워하지 아니하노니, 이 복음은 모든 믿는 자에게 구원을 주시는 하나님의 능력이 됨이라…(롬 1:16)

그런즉 누구든지 그리스도 안에 있으면, 새로운 피조물이다. 옛날의 모든 것은 지나갔다. 보라, 새것이 되었다. 모든 것이 하나님께로 났나니, 그리스도를 통하여 우리를 자기와 화목하게 하시고, 또 우리에게 화목하게 하는 직책을 주셨다. 이는, 그리스도 안에서 하나님께서 세상을 자기와 화목하게 하시며, 저희의 죄를 저희에게 돌리지 아니하시고, 화목하게 하는 말씀을 우리에게 부

복음의 개관

탁하셨다. 이러므로 우리가 그리스도를 위한 대사이고, 하나님이 우리를 통하여 권면하고 계신다. 그리스도를 대신하여 간구하노니, 너희는 하나님과 화목하라. 우리를 위하여 하나님이 죄를 알지도 못하신 자로 죄를 삼으신 것은, 우리로 하여금 저의 안에서 하나님의 의가 되게 하려 하심이니라.(고후 5:17-21, 새개정표준역)

이것이 속량입니다. 이는 그리스도 안에서 우리를 하나님과 화목하게 하시는 하나님의 완전한 중재를 포함하며, 우리로 하여금 다른 사람들 앞에서 그분을 대표할 수 있게 합니다. 새로운 피조물의 기적은 예수님의 속량 사역을 통해서만 가능합니다. 예수님은 속량의 각본, "하나님의 큰 그림"의 주인공입니다.

복음은 전체적으로 네 개의 주요한 사건으로 조망할 수 있습니다. 1) 하나님께서 우리를 창조하셨습니다. 2) 사탄이 우리를 멸망시키려고 했습니다. 3) 예수님께서 값 주고 우리를 되사셨습니다. 4) 우리는 하나님과 다시 화목하게 되었고, 그 분의 친구이자 그 분을 대표하는 자로 회복되었습니다.

이와 같이 명확한 성경적 관점을 통해, 이 네 개

의 사건은 성경을 전반적으로 해석할 수 있는 틀을 형성하고, 성경의 계획을 명확하게 하며, 우리의 정체성과 존귀함과 인생에서 신성한 목적이 무엇인지 알게 합니다.

복음 또는 속량은 기쁜 소식이며 모두를 위한 것입니다. 하나님의 이름을 부르는 자마다 구원을 받습니다(행 2:21). 하나님이 죄를 알지도 못하신 예수님께 우리의 죄를 부으셨고, 그 대신 우리에게는 하나님의 선하심을 부어주셨습니다!(고후 5:21, 리빙바이블)

'속량하다(redeem)' 라는 말의 뜻은 다음과 같습니다.
1. 도로 사다. 다시 대가를 지불하고 되사다.
2. 돌려받다. 비용을 지불하고서 회복하다.
3. [빚 혹은 융자 따위를] 전액 갚다.
4. 구출하다, (몸값을 치르고) 되찾다, 혹은 속박이나 포로의 신세, 혹은 부담, 또는 고통 받던 책임에서 자유롭게 되다.
5. 어떤 습관 방식에서 구원되고, 구출되고, 안전하게 하다.

6. 약속으로 실행하다. 실천함으로 목적을 이루다.
7. 보상하다. 갚다. 지불하다.
8. 법률에서, 재산상의 것을 회수하다, 혹은 융자 조건에 따라 대가를 지불하고 저당 잡힌 재산을 되찾다.
9. 신학에서, 죄를 대신 맡고, 그 죄인에게 예정된 형벌을 견디는 어떤 대속자에 의해서, 그 죄와 죄의 형벌로부터 구원해내다.

복음 – 성경의 핵심

그리스도를 통한 하나님의 속량은 인류를 하나님과 원래 있어야 할 자리로 원상복귀시키고, 이 세상에서 하나님의 대사로 회복시키며, 우리로 하여금 미리 예정된 우리의 목적을 완성할 수 있게 합니다. 이것이 우리를 향한 하나님의 계획과 뜻을 나타내는 성경의 핵심 주제입니다.

그러므로 나는 속량에 대한 지식이 모든 영적인 계시의 기본이라는 것을 다시 한 번 강조합니다.

기독교의 교리는 가장 기초적이고도 중요한 속량의 복음으로 평가되고 일관성을 이루어야 합니다.

속량의 진리에 근거한 믿음을 가진 사람들은 확고한 자신감을 보입니다. 이는 성도들에게 다음과 같은 것들을 만들어냅니다.

… 하나님을 아는 지식

… 하나님과의 교제

… 하나님에 대한 개인적 가치관

… 사탄에 대한 권능과 권위

… 하나님의 왕국에 포함된 신성한 목적

나의 부모님이신 티 엘과 데이지 오스본 박사는 50년 넘게 이 지구를 함께 종횡무진하면서, 수많은 청중들에게 언제나 복음을 구성하는 이 기본적인 네 가지 속량적 문제에 대해 상세히 설명했습니다.

1. **하나님의 창조**(God's Creation) –
   하나님 안에서의 인류의 기원

2. **사탄의 속임**(Satan's Deception) –
   인간의 고통의 시작

3. **그리스도의 대속**(Christ's Substitution) –
   우리를 위한 그의 죽음과 부활

4. **우리의 회복**(Our Restoration) –

하나님의 생명의 실재가 오늘날 성도인 우리의 안에서 그리고 우리를 통해서 나타남

속량의 복음은 모든 사람들이 예수 그리스도를 자신의 구원자와 주님으로 믿고, 그 분의 승리하는 삶을 당장 시작할 수 있게 합니다. 모든 믿는 자에게 속량은 당면한 실재이며, 사탄은 이미 패배했습니다. 그리스도의 승리는 성도들의 승리이며 그 분의 의(義)는 이제 성도들의 것입니다.

"하나님의 큰 그림"은 창세기의 첫 장에서 시작되어 계시록의 제일 마지막 장까지 이어집니다. 이는 하나의 계획이자 영광스럽게 펼쳐지는 파노라마이며 하나님의 사랑에 대한 점진적인 계시로서, 우리는 이것을 속량이라고 부릅니다. 그것을 통해서, 우리는 하나님을 알고 그 분의 원대한 계획을 발견할 수 있습니다.

나는 이 기쁜 소식을 전 세계 여러 나라의 야외에서, 대경기장에서, 야구장에서, 그리고 크고 작은 교회에서 전해왔습니다. 이 복음은 내 입술을 통해서 커다란 교회들의 화려한 강단에서부터 시

골 장터 한 가운데의 나무 상자 위에까지, 상상할 수 있는 모든 환경에서 선포되어졌습니다.

어느 곳에서든지 하나님의 속량의 계획이 명쾌하고 타당하게 선포되었고, 그 결과는 늘 똑같았습니다. 예수 그리스도는 어제나 오늘이나 영원히 동일하시다는 것을(히 13:8) 확증하는 그 분의 권능과 치료의 기적으로 인하여 사람들이 변화되었습니다. 복음은 하나님의 능력입니다(롬 1:16).

많은 경우, 교회의 지도자와 성경 교사들은 사도 바울의 사역을 열정적으로 이끌었던 역동적인 속량의 계시를 등한시합니다. 현재의 그리스도인들은 부차적인 문제에 환호하고, 속량에 대한 성경적 사실에는 별로 관심을 기울이지 않습니다. 기도, 금식, 영적인 은사, 풍요함, 치유, 결혼, 도덕성과 같은 목회적 주제들은 반드시 속량의 계시의 핵심적인 틀 속에서 제시되어야 하는 것입니다. 이것은 모든 성경적 교리를 평가하는 성경의 전제 원칙입니다. 우리가 그리스도 안에서 믿는 성도로서, 어떻게 하나님의 예정하심과 능력을 쓸 수 있게 되었는지의 속량적인 이유들을 이해하는 것이 중요합니다.

복음의 개관

대중적이고 유행을 타는 가르침들은 왔다가 사라집니다. 오직 그리스도의 속량의 복음만이 인간의 삶에 지속적인 변화를 만들어냅니다. 속량의 기쁜 소식은 아프리카 내륙의 촌락에서나, 일본의 도시 사람들에게나 마찬가지로 효과적입니다. 영국이나 캐나다나 미국에서처럼, 파푸아뉴기니에서도 놀라울 정도로 효과가 있습니다. 왜냐고요? 복음은 듣는 사람의 사회의 문화, 종교적인 전통, 또는 경제 수준이나 교육 수준과 상관없이, **하나님의 능력이기 때문입니다**(롬 1:16). 모든 사람에게는 복음을 듣고, 그것을 믿어, 구원받고, 치유 받고, 하나님께서 예정하신 목적이 있는 삶을 누릴 수 있는 자격이 있습니다(롬 10:13-15). 목사의 사명이나 평신도의 사명이나 똑같이 세상에 복음을 전하는 것입니다.

이 속량의 복음을 이해하기 위해서, 이제 우리는 "하나님의 큰 그림"을 구성하는 각각의 중요한 네 가지 장면에 초점을 맞출 것이며, 그 시작은 **하나님의 창조**입니다.

첫 번째 장면
하나님의 창조 (God's Creation)

**"하나님의 큰 그림"의
첫 번째 장면은
하나님이 세상을 창조하시던
새벽에 에덴동산에서 일어납니다.**

창세기의 첫 두 장은
세상이 어떻게 시작되었는지에 대한
역사적인 설명을 뛰어 넘는 것입니다.
그 두 장은 창조자이신
하나님을 나타내며,
창조된 모든 것들의 목적을
밝히고 있습니다.

복음에 대한 우리의 연구는 창세기에서 시작되어야만 합니다. 속량에 대한 "하나님의 큰 그림"이 우리의 회복을 포함하고 있다면, 우리는 어떤 상태, 신분, 생활방식으로 회복된 것일까요? 태초에 하나님의 신성한 계획은 무엇이었을까요? 하나님께서 인간을 창조하신 이유는 무엇이며, 우리를 향한 그 분의 꿈은 무엇이었을까요? 그것이 어떻게 이루어질까요? 태초에 사람을 향한 하나님의 계획을 아는 것은, 우리로 하여금 오늘날 나를 향한 그 분의 계획을 이해하게 합니다.

태초에 하나님이 천지를 창조하시니라 (창 1:1)

대설계자께서 창조하신 모든 것에는 목적이 있었습니다. 하늘은 지구의 계절의 변화를 위해 창조되었습니다(창 1:14). 지구는 인류가 살기 위해서 창조되었습니다(사 45:18). 하나님께서는 이 지구상에 모든 광물질, 화학물질, 영양소, 보석 등 인간에게 필요한 모든 자원들을 저장해 놓으셨습니다. 그리고 인간은 그들의 아버지이신 하나님과 교제하기 위해 만들어졌습니다(엡 1:4, 3:14-15).

하나님이 이르시되 우리의 형상을 따라 우리의 모양

하나님의 창조

대로 우리가 사람을 만들고 그들로 바다의 물고기와 하늘의 새와 가축과 온 땅과 땅에 기는 모든 것을 다스리게 하자 하시고 하나님이 자기 형상 곧 하나님의 형상대로 사람을 창조하시되 남자와 여자를 창조하시고 (창 1:26-27)

하나님의 형상 – 인간의 존귀함을 위한 계획

창조자께서 "우리가 사람을 만들자"라고 말씀하셨습니다. 이는 위대한 숙고와 계획을 나타냅니다. 모든 피조물들 가운데, 오직 인간만이 지속적인 생각과 창조성과 하나님에 대한 인식 능력을 가지고 있습니다. '우리의 형상을 따라' 라는 구절은 이해력과 지성을 암시합니다. 동물에게는 그들의 활동을 자극하는 본능을 주셨지만, 인간에게는 생각하고, 도덕적 선택을 하며, 옳거나 그른 일을 하고 또 순종하거나 불순종할 수 있는 능력을 선물로 주셨습니다(눅 9:23-25,62, 요 14:21-23,

롬 6:16, 히 5:9). 이러한 자유를 통해서, 우리는 인류를 하등의 피조물과 구별하는 신적인 형상과 모양의 특징을 엿볼 수 있습니다.

왜 하나님께서는 그런 고차원적이고 훌륭한 능력들을 가지도록 인간을 창조하셨을까요? 성경은 '하나님은 사랑'(요일 4:8)이시라고 가르칩니다. 그리고 사랑은 표현을 요구합니다. 사랑은 자발적으로 먼저 하는 것입니다. 그 사랑이 이 땅을, 사람들이 그들의 창조자의 선하심을 경험하고, 하나님과의 교제의 경이로움을 누리며, 하나님의 생명과 임재를 표현하는 인류의 동산이 되게 만드셨습니다.

인간을 가장 고귀하고도 존엄하게 하는 특징은 우리가 하나님에 의해 만들어졌다는 것입니다. 모든 사람들은 "내가 어디에서 왔는가?"라는 이 근본적인 질문에 대해 깊이 생각합니다. 예를 들어 파푸아뉴기니 부락의 사람들은 자신들이 악어로부터 진화했다고 상상합니다.

"하나님의 큰 그림"의 첫 장면은 인간의 기원이 하나님께 뿌리를 두고 있음을 확증합니다. 하나님

하나님의 창조

은 교제와 특별한 목적을 위해서 그분의 형상을 따라 인간을 창조하셨습니다. 인간의 존귀함은 모든 개인에게 각인되어 있는 하나님의 형상에 의해 확립된 것입니다.

나의 상상 속에서, 나는 만왕의 왕 하나님께서 영원을 배경으로 의도적으로 미리 생각하신 속량의 그림을 그리기 시작하시는 것을 볼 수 있습니다. 그분은 사랑의 섬세함과 풍부한 색깔의 명암을 빼놓지 않고, 아낌없는 질감의 여러 차원으로 풍경을 그리십니다. 솔솔 불어오는 미풍은 웅장한 나무들과 더없이 아름다운 향기를 풍기는 수많은 꽃들에게 생명을 불어넣습니다. 햇살에 반짝이는 시냇물은 서로 맞부딪혀 소리를 내면서 흐릅니다. 산들은 안개를 가르며 거대하게 솟아오릅니다. 하나님께서는 그의 형상을 따라 만드신 남자와 여자와 함께 걸으면서 대화를 나누십니다. 그 아름다운 동산의 전경은 완전합니다. 모든 것이 완벽합니다. 아담은 잘 생겼고, 하와는 아름답습니다. 그들은 강하고 행복한, 완벽한 표본 인류입니다. 그들에게는 어떤 장애나 결함이 없습니다. 그들에게는 기분 나쁜 일이 있거나 우울해질 일이 없습니다. 하나님께서 본래 창조하신 것 안에서 모든 것이 좋았습니다.

시편 저자인 다윗은 경외감에 이렇게 말했습니다.

사람이 무엇이관데 주께서 그들을 염두에 두시고, 저를 권고하십니까? 당신은 저들을 하나님 보다 조금 못하게 하시고, 영화와 존귀로 관을 씌우셨습니다. 그들로 하여금 주의 손으로 만드신 것을 다스리게 하셨습니다. 당신은 모든 것을 그들의 발아래 두셨습니다 (시 8:4-6, 새개정표준역)

우리가 우리 자신을 하나님께서 **본래** 설계하신 대로 그 분의 후손, 즉 이 땅에서 그의 신성함을 반영하는 자로서 바라보는 것이 중요합니다. 하나님은 우리를 그 분보다 조금 못하게, 그의 모습과 형상을 따라 창조하셨습니다. 인류는 특별한 능력을 가진 하나님의 수준에서 창조되었습니다. 동물이 아니라, 하나님을 닮은 피조물이며, 분명한 목적으로 신성한 존귀함이 부여되었습니다.

하나님의 창조

남자와 여자 – 평등하게 창조됨

하나님께서는 인간, 즉 남자와 여자 **모두**에게 그분이 창조하신 모든 것을 다스리라고 맡기셨습니다(창 1:27-28). 하나님께서는 그분의 생명을 그들에게 불어넣으셔서, 하나님의 임재하심으로 채우시고 그들을 하나님과 연합하고, 화합하고, 교제할 수 있는 존재로 구비시키셨습니다(창 2:7). 하나님께서는 아담과 하와 **모두**를 함께 축복하셨습니다. 하나님은 그들 **모두**를 가르치셨습니다. 하나님께서는 하나님이 창조하신 것에 대한 통치권을 그들 **모두**에게 주셨습니다(창 1:28). 날이 서늘할 때 하나님께서는 아담과 하와 **모두**와 같이 에덴동산을 거니셨습니다(창 3:8). 하나님의 최초의 계획에서 남자와 여자는 평등했으며, 그들을 창조하신 하나님과의 교제와 우정을 나눔에 있어 동등했습니다.

하나님의 '한 몸' 원형

창세기 2장에서는, 창조에 대해 더욱 자세히 설명하면서 하와를 만드신 것과 아담과 하와가 한 몸(one flesh)을 이루게 하셨음을 강조하고 있습니다. 그들 모두 하나님의 형상으로 만들어졌음을 기억하십시오. 우리가 하나님의 삼위 일체 특성(아버지 하나님, 아들 하나님, 성령 하나님), 즉 세 인격의 완벽한 연합을 이해하는 것은 아주 중요합니다. 인간도 이와 같은 연합을 나타내도록 창조되었습니다.

성경은 '사람의 독처하는 것이 좋지 못하니'라고 가르치고 있습니다(창 2:18). 아담 혼자서는 하나님의 온전한 형상을 반영하지 못했던 것입니다. 하나님께서는 아담의 갈비뼈를 취하셔서 하와를 만드셨습니다. 이 중대한 행동에서, 우리는 본질적인 하나됨과 인간의 공유된 정체성을 알게 됩니다. 아담으로부터 하와가 만들어졌습니다. (모든 인류 하나님의 창조

를 대표하는) 아담과 하와는 한 몸이 되었고, 그분의 모양과 형상에 대한 하나님의 표현, 즉 연합되어 나타난 삼위일체에 대한 표현을 완성했습니다(창 2:24). 아담과 하와 양자의 결합으로부터 자손이 생겨난다는 사실은, 남자와 여자의 상호의존과 연합을 더욱 분명하게 합니다.

하와가 아담이 독처함에서 벗어나게 하는 특정한 목적을 위해 돕는 배필로 만들어졌음을 아는 것은 중요합니다(창 2:18).

창세기 2장 18절에 대한 잘못된 해석들은, 하나님께서 여자를 남자보다 열등한 존재로서 남자의 보조적인 역할을 하도록 예정하셨다는 주장입니다. 이것은 성경에 나타난 인류에 대한 하나님의 계획과 일치하지 않습니다.

전 구약 성경을 통해 사용되는 히브리어의 "ezer(e-zer')"라는 (때때로 '돕는 자'라고 해석되는) 단어는, 주로 하나님과 관련되어 있습니다(삼상 7:12, 시 121:1-2). "ezer"라는 단어는 결코 '열등함'을 의미하는 것이 아닙니다. 하나님은 그분의 도움을 받는 자들보다 열등하지 않으십니다.

59

하나님께서 하와를 만드신 목적을 설명하면서 사용된 "ezer"라는 단어는, 결코 그녀의 존귀함을 격하시키거나 남자와 여자가 창조된 목적을 변화시키려는 것이 아닙니다.

대부분의 사회들이 여자의 가치를 남자와 동일하게 평가하지 않습니다. 불행히도, 많은 그리스도인들조차 성경 말씀에 그들의 편견과 사회적인 시각을 덧칠합니다. 하나님의 속량의 계획에 대한 이해가 여성과 남성 사이에 존재하며 여성의 종속을 초래하는 일상적인 갈등의 뿌리 깊은 원인을 드러냅니다. 사람들이 성경적인 속량의 원칙을 받아들일 때, 비로소 하나님이 창조한 평등의 기준을 깨달을 수 있습니다.

목적의 하나님께서 목적의 인간을 창조하셨다

하나님께서는 인간 즉 남자와 여자 모두를, 하나님과는 물론 서로 간에도 연합과 조화를 이루고 살 하나님의 창조

도록 창조하셨습니다. 그들은 함께 이 땅에서 하나님을 대표하는 자가 되었습니다. 이 **존귀함**과 **평등**과 신성한 **목적**들은 복음을 아는 지식과 "하나님의 큰 그림"을 이해함으로써 회복됩니다.

하나님이 그들에게 복을 주시며 그들에게 이르시되 생육하고 번성하여 땅에 충만하라, 땅을 정복하라, 바다의 고기와 공중의 새와 땅에 움직이는 모든 생물을 다스리라 하시니라 (창 1:28)

하나님의 창조, 즉 인간을 위한 그의 계획은 **목적**이라는 요소를 포함하고 있습니다. 아담과 하와는 생육하고 번성하도록 명령을 받았습니다. 이 명령의 본래 뜻은 실제로 인류가 하나님께서 주신 생식력을 부여받았다는 것입니다.

하나님은 첫 번째 남자와 여자를 창조하시고, 하나님을 닮은 또 다른 존재를 재생산하는 능력을 그들에게 맡기셨습니다. 이 인간의 책임과 목적의 영적인 중요성은 다른 장에서 다룰 것입니다.

하나님은 아담과 하와 모두에게 땅을 정복하고 하나님의 피조물들을 다스리라고 지시하셨습니다. 이 명령의 본질은 하나님께서 주신 다스리고 권세를 가질 수 있는 권세가 남녀 모두에게 실제로 부여되었다는 것입니다.

이번 장의 목적은 **하나님의 창조**에 대한 멋진 묘사를 통해, 인류를 향한 본래 계획을 마치 새기듯이 분명하게 확인하는 것입니다. 에덴동산에서는,

1. 남자와 여자는 하나님의 특징과 형상을 따라 **존엄한 존재**로 창조되었습니다.
2. 남자와 여자는 독특한 능력들을 가지고 창조되었습니다.
3. 남자와 여자는 하나님의 다른 피조물들 보다 우수하게 창조되었습니다.
4. 남자와 여자는 **평등**하게 창조되었습니다.
5. 남자와 여자는 하나님의 표현이자 대표자로 창조되었습니다.
6. 남자와 여자는 하나님 같은(Godlike) 존재를 재생산하도록 창조되었습니다.
7. 남자와 여자는 다스리는 권세를 가지고 창조되었습니다.
8. 남자와 여자는 하나님의 동역자가 되도록, 그리고 그 분의 목적을 공유하도록 창조되었습니다.

하나님의 창조

하나님이 그 지으신 모든 것을 보시니 보시기에 심히 좋았더라 (창 1:31)

하나님의 본래의 계획을 이해하는 것만이 진짜 자존감의 근거가 됩니다. 이것이 인간으로 하여금 하나님께서 미리 예정하신 각자의 목적을 이룰 수 있게 합니다. 인간에 대한 하나님의 사랑과 존중이 인간의 가치를 결정합니다. 사람을 대하는 우리의 태도에는 그들을 향한 하나님의 태도가 반영되어야 합니다. 사람에 대한 우리의 평가에는 그들을 향한 하나님의 평가가 반영되어야 합니다. 하나님께서 귀하게 생각하는 것을 중요하게 여기는 것은 옳은 것입니다. 우리가 신성한 하나님의 DNA로 창조되었고 하나님의 신성한 목적을 위해 예비되었다는 깨달음을 통하여, 열등감과 질투의 감정은 자신감으로 변화될 것입니다.

우리는 그가 만드신 바라 그리스도 예수 안에서 선한 일을 위하여 지으심을 받은 자니 (엡 2:10)

인류는 하나님과 그리고 서로 간에 한 가족처럼 교제하기 위해서 창조되었습니다(요 17장, 엡 3:14-15). 이러한 신성한 연결과 인류 가운데 나타나는 하나님의 본성의 반영이 "하나님의 큰 그림"의 첫 장면의 주요 핵심입니다. 바로 여기가 인간의 존귀함과 평등과 목적이 세워지는 곳입니다.

영적 권능 – 인류에게 맡겨짐

"하나님의 큰 그림"의 무대 위에 죽음의 그림자가 등장한 사건을 생각하기 전에, 우리는 먼저 인류에게 있는 하나님의 형상을 훼손했던 그 권세의 근원을 규명해야만 합니다.

진정한 권세는 영적인 것입니다. 우리가 육체적으로 느낄 수 있는 보이는 세계보다, 보이지 않는 영의 세계가 더욱 실제적입니다. 히브리서를 쓴 기자는 '믿음으로 모든 세계가 하나님의 말씀으로 지어진 줄을 우리가 아나니 보이는 것은 나타난 것으로 말미암아 된 것이 아니니라' (히 11:3)라고 말합니다. 보이지 않는 하나님의 영이 보이는 세상을 창조하셨습니다. 모든 참된 권세는 영적인 근원에서 비롯됩니다. 영이신 하나님은 시작도 끝도 없으

하나님의 창조

시며(요 4:24), 피조물인 사탄도 영입니다(엡2:2). 인간도 하나님의 형상으로 창조된 영입니다(창 1:26-27). 모든 참된 권세는 영적인 것입니다.

물질적인 세계는 영적인 세계에 존재하는 실재들이 실체적인 형태로 반영된 것입니다. 비록 물리적인 육체 안에 살고 있지만, 본질적으로 우리는 영이신 하나님의 형상으로 만들어진 영적인 존재입니다(창 1:26-27, 살전 5:23, 히 12:9). 우리의 보이지 않는 영이 육체에 생명을 불어넣습니다. 우리는 자연적인 감각을 통해서 물리적인 세계와 연결되는 동시에, 영적인 감각들을 통해서 보이지 않는 영의 세계와 연결되어 있습니다(롬 1:20, 고후 4:1,18, 히 5:14).

우리의 영은 하나님과 지속적이고 생명을 공급받는 연합을 이루기 위해 설계되었습니다. 우리는 하나님으로부터 분리되어 살도록 창조되지 않았습니다. 인간의 모든 것이 어떤 목적을 위해 계획되어 있으며, 그리고 자연히 이러한 영적인 연결과 창조주와의 동일성을 갈망합니다.

하나님은 그분이 창조하신 인간 위에 스스로 군

림하지 않으셨습니다. 하나님은 아담과 하와에게 그들 스스로가 하나님과의 관계를 유지하든지 그만두든지 결정하도록 허용하심으로, 선택할 수 있는 권세를 주셨습니다.

그렇다면, 아담과 하와가 서로 간에 그리고 하나님과의 조화 속에 살았고, 다 함께 존귀함과 평등과 목적에 참여한 바 되었고, 하나님의 생명이 그가 만든 아름다운 피조물인 인간에게 또한 인간을 통하여 자유롭게 흘러가던, 바로 이 좋은 창조(창 1:31)의 현장에 무슨 일이 일어난 것일까요?

두 번째 장면
사탄의 속임 (Satan's Deception)

**"하나님의 큰 그림"의 파노라마에는
차라리 얼굴을 돌리고 싶은
불길한 장면이 있습니다.**

오직 하나님만이 속량의 해결책을

제시할 수 있는 비극적인 일이

일어난 것입니다.

하나님의 큰 그림

어떤 위협의 그림자가 하나님의 남자와 여자가 함께 있던 하나님의 아름답고 순결한 임재 위에 드리웠습니다. 교제는 분리로 바뀌었습니다. 용기는 두려움으로 바뀌었습니다. 건강은 질병으로 바뀌었습니다. 혼돈이 평화를 대신합니다. 결핍이 풍요를 대신합니다. 수치가 존귀를 대신합니다. 분열이 연합을 대신합니다. 차별이 동등함을 대신합니다.

사회 계층의 차별, 여성에 대한 남성의 지배, 빈자에 대한 부자의 지배, 약자에 대한 강자의 지배와 이런 모든 불평등이 인류가 하나님과 동행하며 누리던 사랑과 상호 의존의 관계를 대신하고 맙니다.

조화로운 완전함 가운데 기능하도록 창조된 모든 것들은 깨졌고 금이 갔습니다. 도대체 무슨 일이 일어난 것일까요? 하나님의 속량의 계획을 이해하기 위해서 우리는, 죄가 인류에게 들어와서, 아담과 하와 사이의 평등의 균형을 깨고, 자신을 지지하는 하나님의 임재로부터 그들 자신과 후손들을 분리시킨 그 에덴동산으로 다시 돌아가야만 합니다.

사탄의 속임

신뢰 : 관계의 결속성

창세기는 **시작**의 책입니다. 이 책은 천지와 살아 있는 모든 것을 하나님께서 창조하신 것에 대한 기록을 담고 있습니다. 인류 역사의 시작을 기록합니다. 하나님은 아담과 하와를 하나님 자신의 형상으로 만들어, 그들을 위해 아름답게 설계하신 에덴동산에 두셨습니다(창 2:8). 하나님께서는 아담과 하와가 돌보아서 먹고 살 수 있는 다양한 생명체와 열매 맺는 씨앗을 모두 낱낱이 계산하고 계셨습니다(창 1:1-29).

여호와 하나님이 그 땅에서 보기에 아름답고 먹기에 좋은 나무가 나게 하시니 동산 가운데에는 생명나무와 선악을 알게 하는 나무도 있더라 (창 2:9)

여호와 하나님이 그 사람에게 명하여 가라사대 동산 각종 나무의 실과는 네가 임의로 먹되 선악을 알게 하는 나무의 실과는 먹지 말라 네가 먹는 날에는 정녕 죽으리라 하시니라 (창 2:16-17)

아담과 하와는 그들이 도덕적인 선택을 할 수 있는 능력을 갖도록 창조되었습니다. 그렇게 함으로써 하나님께서는 그들에게 엄청난 존귀함을 부여하셨습니다. 사랑은 선택권을 줍니다. 그들은 순종이나 불순종을 선택할 수 있었습니다.

그들의 선택은 근본적으로 하나님의 향한 그들의 태도로 말미암은 것이었습니다. 하나님은 믿을 만한 분이었을까요? 하나님은 신뢰할 만한 분이었나요? 아담과 하와는 하나님의 계획에 헌신해서 살 수 있었을까요, 아니면 하나님의 관심사에 의심이 갔던 것일까요?

하나님과 인간 사이의 사랑의 관계를 지탱한 결합 요소는 '신뢰(Trust)'였습니다. 이러한 관계는 강제나 강압에 의해 유지될 수 없습니다.

하나님께서는 아담과 하와에게 그분의 생기와, 그분의 생명과, 그분의 말씀을 맡기셨습니다. 하나님은 그들에게 그분의 본성과, 그분의 권세와, 그분의 생육하는 능력을 맡기셨습니다. 하나님은 남자와 여자가 에덴동산을 가꾸고, 하나님께서 창조하신 모든 것을 돌보며, 하나님을 닮은 사람들로 사탄의 속임

이 땅을 채워 함께 하나님의 형상을 나타낼 것이라고 믿으셨습니다.

아담과 하와에게 하신 하나님의 말씀은 그들의 태도와 행동을 평가하는 권위였습니다. 하나님에 대한 그들의 신뢰는 그분의 말씀에 대한 그들의 순종을 통해 증명되었습니다. 아담과 하와는 하나님께서 그들을 신뢰하는 것처럼 하나님을 신뢰해야 했습니다. 그들은 하나님의 완전하심과 선하심을 믿어야만 했습니다. 하나님에 대한 그들의 완전한 신뢰와 의지함은 하나님께서 지시하신 말씀에 순종함으로써 표현되었습니다.

하나님께서 아담과 하와에게 주신 유일한 금지 사항은 선악을 알게 하는 나무의 열매를 먹지 말라는 것이었습니다. 그리고 다른 모든 것이 그들에게 주워졌습니다. 그들은 부족한 것이 없었습니다.

여호와 하나님의 지으신 들짐승 중에 뱀이 가장 간교하더라 뱀이 여자에게 물어 가로되 하나님이 참으로 너희더러 동산 모든 나무의 실과를 먹지 말라 하시더냐 (창 3:1)

뱀이 [하나님의 말씀과 상반되도록] 여자에게 이르

되 너희가 결코 죽지 아니하리라 (창 3:4)

하나님께 반역한 피조물이었던 그 뱀은(사 14:12-15, 겔 28:12-17, 눅 10:18), 이 땅에서의 하나님의 목적을 방해하려고 에덴으로 기어들어왔습니다. 하나님의 말씀을 의심하고 불순종하도록 아담과 하와를 설득하지 않는 이상, 사탄에게는 그들을 제어할 어떤 지배권이나 영적인 권능도 없었습니다.

하나님의 완전하심을 의심하다

사탄의 전략은 하나님과 아담과 하와가 완전한 연합 가운데 유지하던 조화를 깨는 것이었습니다. 사탄은 그들의 관계에서 필수적인 요소인 신뢰를 공격했습니다.

이 하나님의 적(사탄)은 하와와 대화하는 중에, 교묘한 말로 하나님의 말씀을 신뢰하는 것이 그다지 중요하지 않다고 비추면서 그녀를 속였습니다. 아담과 하와가 하나님께서 말씀하신 바의 진실성을 의심하였을 때, 하나님의 피조물에게 흘러가던 사탄의 속임

하나님의 신성한 생명의 흐름이 막혔습니다. 신뢰가 없이는, 어떤 교제도 있을 수 없으며 이는 오늘날도 마찬가지입니다.

죽음 – 이것은 무엇인가?

여자가 그 나무를 본즉 먹음직도 하고 보암직도 하고 지혜롭게 할 만큼 탐스럽기도 한 나무인지라 여자가 그 실과를 따먹고 자기와 함께한 남편에게도 주매 그도 먹은지라 (창 3:6)

아담과 하와는 하나님의 진리를 믿기보다, 사탄의 거짓말을 믿기로 선택했습니다. 이것이 원죄입니다. **사탄의 속임**은 하나님과 사람 사이의 생명의 흐름을 단절시킴으로써, 인류에 대재앙의 타격을 가했습니다.

이러므로 한 사람으로 말미암아 죄가 세상에 들어오고 죄로 말미암아 사망이 왔나니 이와 같이 모든 사람이 죄를 지었으므로 사망이 모든 사람에게 이르렀느니라 (롬 5:12)

한 사람의 순종치 아니함으로 많은 사람이 죄인 된 것같이… (롬 5:19)

죄의 삯은 사망이요 하나님의 은사는 그리스도 예수 우리 주 안에 있는 영생이니라 (롬 6:23)

아담과 하와가 하나님과 연결된 생명에서 분리된 그 순간, 타락과 사망이 육체와 정신을 파괴하기 시작했습니다. 그들은 하나님을 신뢰하지 않고 의심하기로 선택했습니다. 그것이 죄입니다(롬 14:23). 죄가 사람을 하나님에게서 갈라놓았습니다(사 59:2). 아담과 하와의 하나님에 대한 믿음의 결핍이 불순종으로 나타났습니다. 의심 또는 불신의 죄가 그들을, 그리고 결과적으로 인류 전체를 하나님과 하나님의 생명으로부터 갈라놓았습니다. 하나님은 생명의 근원이십니다(요 1:4, 딤전 6:13). 하나님의 생명이 나타나지 않는 곳에는 사망이 군림합니다.

사탄의 속임은 이른바 인류의 타락을 초래했습니다. 하나님의 생명으로부터 분리된 인간은 사망의 그늘과 암흑에 빠졌습니다(롬 5:17). 이 간교한 속임은 온 인류를 오염시켰습니다. 죽음의 씨앗이 아담과 하와를 통해서 전 인류의 각 사람에게 나타

사탄의 속임

나게 되었습니다. 그러므로 모두가 죄를 범하였으며(롬 3:23), 죄의 삯 또는 결과는 죽음입니다(롬 3:10,23, 요 5:24, 롬 5:21, 8:2, 엡 2:1).

죄의 결과들

성경에서 **죽음**이라는 단어는 세 가지 형태의 분리를 묘사하는 데 사용됩니다. 첫 번째, 죽음은 하나님으로부터 영적인 분리입니다. 자신의 창조자와 그분의 생명에서 떨어져 나온 사람들은 영적으로 죽은 것입니다.

두 번째, 죽음은 몸이 영에서 분리되는 것입니다.

세 번째, 하나님과 영원히 분리되는 두 번째 죽음이 있습니다(계 2:11, 20:6,14, 21:8). 하나님과의 교제 관계로 들어오라는 하나님의 초청을 받아들이지 않고 영원으로 들어가는 사람들은 두 번째 죽음을 경험합니다. 죽은 후에는, 사람들이 자신의 창조자와 연합되어 영원토록 그분과 함께 살 수 있는 기회가 더 이상 없습니다.

아들이 있는 자에게는 생명이 있고 하나님의 아들이 없는 자에게는 생명이 없으니라 (요일 5:12)

우리가 속량을 위한 "하나님의 큰 그림"의 광대함을 탐구할수록, 하나님으로부터의 분리가 죽음을 가져오는 것과 같이, 하나님과의 화해가 생명을 가져오는 것을 보게 될 것입니다.

하나님은 생명이십니다(요 1:4, 5:26, 6:63).

존귀에서 수치로

인간의 타락 이후, 세 가지 기본적인 특징이 인류를 괴롭히게 되었습니다. 이 오염물들은 사람들의 본질적인 인식을 오염시키며, 죄의 폭넓은 영향력을 증명합니다.

이에 그들의 눈이 밝아 자기들의 몸이 벗은 줄을 알고 무화과나무 잎을 엮어 치마를 하였더라 (창 3:7)

인류에 나타난 죄의 첫 번째 표시는 **수치**(Shame)입니다. 아담과 하와가 하나님의 생명에서 분리되었을 때, 그들이 부여받았던 존귀함은 잃어버리고,

사탄의 속임

굴욕감과 수치심의 길고 어두운 그림자가 그들의 삶 가운데 드리워졌습니다. 아담과 하와는 에덴동산에서 하나님과의 비할 바 없는 사랑과 신뢰의 교제 가운데 살았습니다. 그들은 당혹, 수모, 치욕을 경험하지 않았었습니다. 그들은 결핍이나 수치심 없이, 하나님의 영광스러운 임재 속에서 평안했습니다(창 2:25).

언제 어디서든 사람이 하나님의 임재의 생명과 빛에서 분리되면, 그들의 인간적 한계가 명백하게 드러납니다. 그들은 벗었고, 연약하고, 공격받기 쉬운 상태에 있는 스스로를 발견합니다. 그리고 직감적으로 수치를 느낍니다.

깊게 자리 잡은 인간의 수치의 병은 모든 사회 계층과 문화권의 사람들을 괴롭힙니다. 하나님이 없는 사람들은 그들을 협박하고 이용하려는 모든 부정적인 영향력에 대해 속수무책입니다. 그들은 빛을 피해서 남모르게 악한 일을 저지르며 뭔가 잘못된 것을 깨달으며 밤의 어두움 가운데 숨어듭니다. 하나님과 분리된 상태에서는, 부자연스러운 정죄감과 수치감이 보통이 됩니다.

하나님께서는 인간을 수치가 아닌 존귀함 가운데 살도록 창조하셨습니다. 하나님의 모양과 형상을 부여받은 어떤 인간도 비굴해지거나 모욕을 당하도록 만들어지지 않았습니다. "하나님의 큰 그림"은 다시 치유와 회복이 일어날 수 있도록, 죄의 상처를 드러냅니다.

동등함에서 분리로

이에 그들의 눈이 밝아 자기들의 몸이 벗은 줄을 알고 무화과나무 잎을 엮어 치마를 하였더라 (창 3:7)

죄의 두 번째 표시는 하나님과 사람, 그리고 인간 상호 간의 **분리**(Separation)였습니다. 아담과 하와가 처음에는 하나님을 나타내는 존재로 창조되었다는 것을 기억하십시오. 아담과 하와 사이의 한 몸 된 관계는, 그들 자신이 형상을 본 따 창조된 삼위일체 하나님에 대한 아름다운 반영이었습니다. 인간은 조화로운 상호의존 관계 속에서 존재하도록 창조되었습니다. 죄는 창조자와 그분의 인간

사탄의 속임

가족들 사이의 관계를 끊어버렸고, 오늘날 인간관계 가운데 존재하는 끔찍한 분열을 야기합니다. 죄가 하나님의 생명이 아담과 하와에게 흘러가는 것을 막자, 모든 것이 변했습니다. 인간은 더 이상 그들의 창조자와 하나가 아니었으며, 서로 간에도 하나가 되지 못했습니다.

무화과 잎으로 엮은 치마는 **수치**와 **분리**를 상징하는 것으로, 이는 아담과 하와 그리고 이어지는 세대에 나타나게 되었습니다. 인간관계는 하나님과 사람 사이에 존재했던 관계를 반영하도록 만들어졌었습니다. 그러한 중요한 관계가 단절되었을 때, 인간은 상호 간에 서로 세워주는 조화를 경험할 수 없게 되었습니다.

인간은 하나님과 함께, 그리고 그들 서로 간에 교제를 나누는 사회적 존재로 창조되었습니다. 하나님과 그들의 연합을 반영하여, 사람들은 공동체 안에서 조화를 이루며 함께 살도록 만들어졌습니다. 그러나 죄로 인하여, 사람들은 하나님의 생명에서 떠나있게 되었습니다(엡 4:18). 결과적으로 사람들은 자신을 남들로부터 떼어놓는 불신과 의심의 심리적, 문화적 장벽을 그들 사이에 쌓았습니다.

외로움과 고립감은 인간의 흔한 질병이 되어버렸습니다. 인간이 자신의 창조자인 하나님에게서 분리된 결과였습니다. 살인, 폭행, 질투, 시기 등은 하나님의 생명과 연합되지 않고서는 우리가 절대로 다른 사람과의 일체감을 경험할 수 없음을 일깨웁니다.

목적 있는 삶에서 두려움으로

그들이 날이 서늘할 때에 동산에 거니시는 여호와 하나님의 음성을 듣고 아담과 그 아내가 여호와 하나님의 낯을 피하여 동산 나무 사이에 숨은지라. 여호와 하나님이 아담을 부르시며 그에게 이르시되 네가 어디 있느냐 가로되 내가 동산에서 하나님의 소리를 듣고 내가 벗었으므로 두려워하여 숨었나이다 (창 3:8-10)

죄의 세 번째 표시는 인간에게 씌워진 깊고 이유 없는 **두려움**(Fear)입니다. 하나님으로부터 분리된 아담과 하와는 그들의 창조자를 두려워하게 되었

사탄의 속임

습니다. 왜 그랬을까요? 그들이 가진 불신의 태도가 그들을 불순종으로 이끌었기 때문입니다. 그들은 그 전에는 하나님을 두려워하지 않았습니다. 그들은 하나님과 함께 걸었고 친밀한 교제를 나누었습니다. 그러나 죄는 하나님의 생명의 흐름을 단절시켰고, 두려움으로 가득한 죽음의 그림자 속에 아담과 하와를 홀로 남겨두었습니다. 그들을 하나님의 대사로 삼으려던 본래 창조의 목적이 끔찍한 불안감과 두려움으로 바뀌었습니다. 사람이 하나님을 두려워하면, 그들은 서로 간에도 두려워하게 됩니다. 두려움은 사람들이 저지르는 수많은 죄악 뒤에 숨어있는 제일의 동기입니다. 사람들의 심령에 타오르고 있는 분노의 많은 부분은 깊이 자리 잡은 두려움의 결과입니다.

내가 만났던 모든 종교적인 사람들은 자신이 숭배하는 신을 두려워하고 있었습니다. 죄의 고통은 그들의 인식을 왜곡시켜 놓았습니다. 심지어 많은 그리스도인들도 그들이 하는 어떤 말이나 행동이 하나님을 화나게 하지 않을까 하는 공포 속에 살고 있습니다. 그들은 그들의 두려움의 뿌리가 무엇인지, 또한 어떻게 하나님과 회복된 관계를 가질 수 있는지 알지 못합니다. 하나님과 화목하게 되면, 그들의 두려움은 하나님께서 자신을 받아주시는 것에 대한 확신으로 바뀝니다.

우리는 두려움 속에 살도록 창조되지 않았습니다. 하나님께서 우리에게 주신 것은 두려워하는 마음이 아니요 오직 능력과 사랑과 근신하는 마음입니다(딤후 1:7). 하나님에게서 분리되어 있으면, 결국 사탄의 속임수에 지속적으로 공격받기 쉽습니다. 사탄은 거짓말쟁이요 거짓의 아비입니다(요 8:44).

고립의 긴 그림자

사탄의 속임과 아담과 하와의 죄는 인간의 형편을 완전히 바꾸어 버렸으며, 하나님의 경영과 간섭하심이 없이는 거기에는 어떤 희망도 없습니다. 구약에서 이스라엘 민족의 조상이었던 욥은 창조자로부터 분리된 인류의 비통하고 희망 없는 상태를 묘사하고 있습니다.

사탄의 속임

나의 날이 체부보다 빠르니 달려가므로 복을 볼 수 없구나 그 지나가는 것이 빠른 배 같고 움킬 것에 날아 내리는 독수리와도 같구나 가령 내가 말하기를 내 원통함을 잊고 얼굴빛을 고쳐 즐거운 모양을 하자 할지라도 오히려 내 모든 고통을 두려워하오니 주께서 나를 무죄히 여기지 않으실 줄을 아나이다 내가 정죄하심을 입을진대 어찌 헛되이 수고하리이까 내가 눈 녹은 물로 몸을 씻고 잿물로 손을 깨끗이 할지라도 주께서 나를 개천에 빠지게 하시리니 내 옷이라도 나를 싫어하리이다 하나님은 나처럼 사람이 아니신 즉 내가 그에게 대답함도 불가하고 대질하여 재판할 수도 없고 양척 사이에 손을 얹을 판결자도 없구나 (욥 9:25-33)

여기서 욥은 하나님으로부터 멀어진 인간의 고통스러운 상태를 묘사하고 있습니다. 그는 울부짖는 모든 영의 신음소리를 분명하게 표현합니다. "내가 무엇을 할 수 있단 말인가? 희망이 없도다. 내가 하는 어떤 것도 충분치가 않도다. 나는 죄인이며 그것을 알고 있다. 피가 날 때까지 내 손을 긁어댈 수 있겠지만, 그래도 낫지 않을 것이다."

신약 성경에서, 사도 바울은 죄와 불법을 행함으

로 하나님으로부터 분리된 사람들의 저주받은 상태에 대해 여러 번 언급하고 있습니다(사 59:2).

> 그러나 하나님으로부터 … 분리되었던 (분리되어 살고 있는) 그 때를 기억해야 한다. 완전히 단절되었으며 법률상 보호를 박탈당했으며 … [구세주의] 약속의 신성한 협약 안의 유산이 없는 이방인이다. 하나님의 동의와 그의 언약 안에 있는 권리나 계시도 없었다. 너희에게는 희망도 없었다. 어떤 약속도 없었던 것이다. 너희는 하나님이 없는 세상에 있었다.(엡 2:12, 확대번역본)

하나님으로부터 단절된 사람들은 스스로 인식하든지 하지 않든지 간에, 하나님을 발견하고 또 그분께 잘 보이기 위해 찾아 헤매는 중에 있습니다. 그들은 고행을 하기도 하고, 자기학대에 빠지기도 하며, 피가 흐르는 무릎으로 몇 킬로미터나 떨어진 신전이나 빈 제단까지 기어가기도 합니다. 하나님과 화해하고자 하는 모든 인간적인 시도들은 헛된 것입니다. 누구도 죄로 갈라진 틈을 연결할 다리가 될 수 없습니다. 사도 바울은 인간의 희망 없는 상태를 아는 모든 사람의 심령 속에 있는 바로 그 질문을 던집니다.

사탄의 속임

"오호라 나는 곤고한 사람이로다 이 사망의 몸에서 누가 나를 건져 내랴?"(롬 7:24)

그리고 그의 대답은 모든 사람에게 희망을 줍니다.

"우리 주 예수 그리스도로 말미암아 하나님께 감사하리로다!"(롬 7:25) 유일한 해답은 그분 안에 있습니다.

하나님의 사랑의 선언

에덴동산에서 아담과 하와가 불신으로 인해 하나님에게서 돌아서고 죄의 **수치**와 **분리**와 **두려움**의 어둠에 갇히게 되자마자, 즉시 하나님은 (뱀의 뒤에 숨은) 사탄을 향해 목소리를 높이며 타락한 인류를 하나님과 함께 그들의 합당한 자리로 회복시킬 속량자를 보낼 것이라고 약속하셨습니다.

여호와 하나님이 뱀에게 이르시되 네가 이렇게 하였으니 네가 모든 육축과 들의 모든 짐승보다 더욱 저주를 받아 배로 다니고 종신토록 흙을 먹을지니라. 내가 너로 여자와 원수가 되게 하고 너의 후손도 여자의 후손과 원수가 되게 하리니 여자의 후손은 네 머리를 상하게 할 것이요 너는 그의 발꿈치를 상하게 할 것이니라 하시고 (창 3:15)

사탄의 속임은 인류에게 치명타를 가했습니다. 그러나 원수는 자신의 피조물에 대한 하나님의 헤아릴 수 없는 사랑을 예견하지 못했습니다.

하나님은 무엇을 하셨을까요? 하나님은 어떻게 그분을 타락한 인류에게서 분리시켰던 죄의 깊은 수렁을 건너오셨을까요? 우리의 초점을 인류의 희망 없는 상태에서 사람을 향해 표현된 놀라운 사랑으로 옮기게 한 사건은 무엇일까요? 하나님께서 어떻게 개입하셔서, "하나님의 큰 그림"에 아름다움과 색깔과 광채를 회복시키셨을까요?

세 번째 장면
그리스도의 대속 (Christ' Substitution)

"하나님의 큰 그림"의 캔버스에 갑자기 나타난 빛이,

사탄의 속임을 통한
인간이 속박의 어둠과 그늘에서부터
우리의 시선을 끌어 올립니다.

하나님의 큰 그림

대예술가이신 하나님은 파괴적인 죽음의 자취들이 하나님의 아름다운 계획을 더럽히기 전에 그려놨던 밑그림을 드러내기 시작하십니다.

"하나님의 큰 그림"의 첫 번째와 두 번째 장면이 드러난 이후로 몇 천 년이 흘렀습니다. 그 더러운 속임의 치명타가 인간을 위한 하나님의 꿈을 돌이킬 수 없을 만큼 망가뜨리고 만 것일까요? 하나님의 그림은 고칠 수 없을 만큼 손상되었을까요? 그렇지 않다면, 누가 그 에덴동산의 광채를 회복하고, 하나님이 창조하신 그 아름다운 그림 전체에 퍼진 어두운 그림자의 얼룩을 제거할 수 있을까요? 오직 영원하신 하나님만이 대예술가이자 완전한 회복자가 되실 수 있습니다.

절대주권적인 통찰력으로 말미암아 하나님은 자신의 걸작품의 회복을 계획하고 계셨습니다(계 13:8). **예수 그리스도의 대속**이 그 해답이었습니다.

하나님은 천국의 영역을 벗어나 친히 인간의 육신을 입고 사람의 모습으로 오셨습니다. 죄 없는 신적 인간(God-Man)인 예수 그리스도께서 스스로 세상의 모든 죄를 지고 인류의 죄의 형벌을 담

그리스도의 대속

당하심으로, 인간을 하나님으로부터 분리시켰던 그 장벽을 허물 수 있었습니다(요 1:1-4, 엡 1:7, 골 1:13-14, 히 4:15, 벧전 2:24, 요일 2:2).

인간의 딜레마

그 때에 너희는 그리스도 밖에 있었고 이스라엘 나라 밖의 사람이라 … 세상에서 소망이 없고 하나님도 없는 자이더니 (엡 2:12)

속량에 대한 "하나님의 큰 그림"을 곰곰이 생각해 볼 때, 한 가지 꼭 기억해야 할 것은 인류의 죄는 끔찍한 결과를 낳았다는 것입니다. 죄의 형벌은 죽음이었습니다(겔 18:20). 모든 사람이 죄인이기 때문에, 모든 사람은 죽음의 심판 아래 있었으며, 죄인의 범죄에 대한 형벌을 감당하여 죄인을 위해 중재할 수 있는 사람은 아무도 없었습니다(사 59:15-17).

사람이 아무리 선하더라도 인류의 죄를 속량할 수는 없습니다(엡 2:8-9, 딛 3:5). 지적인 발전이 인간의 상황을 바꿀 수는 없습니다. 도덕적인 행

위도 죄의 결과를 번복할 수 없습니다.

구약의 법과 속죄 제물을 희생시키는 율법 제도는 속량, 즉 죄의 도말(remission)을 달성하기 위한 것이 아니었습니다(갈 3:24, 히 10:8,11). 그것은 인간의 나약함과 타락한 인간의 죄짓기 쉬운 성향들을 드러내며, 그리고 단번에 영원히 세상의 모든 죄를 위한 제물로 오실 그리스도를 예시하는 하나님의 그림들이었습니다(롬 5:20, 8:3-4, 갈 2:16, 3:11,19, 히 10:12-17).

하나님으로부터 단절된 인간들은 스스로를 구원할 수 없었습니다. 아무리 많은 노력과 선을 행하여도 구원의 효과는 거둘 수 없었습니다. 자신이 창조한 인간에 대한 그분의 사랑 때문에, 하나님은 인류를 구원하시기 위해 먼저 일어서신 것입니다(롬 9:6, 요일 4:10).

하나님의 주도하심

하나님이 세상을 이처럼 사랑하사 독생자를 주셨으

그리스도의 대속

니 이는 저를 믿는 자마다 멸망치 않고 영생을 얻게 하려 하심이니라 (요 3:16)

우리가 아직 죄인 되었을 때에 그리스도께서 우리를 위하여 죽으심으로 하나님께서 우리에게 대한 자기의 사랑을 확증하셨느니라 (롬 5:8)

인간이 스스로 변화하기 위해 했던 어떤 뛰어난 시도를 통해서도 성취할 수 없었던 것을, 우리를 위한 그분의 주도적인 행동을 통해서 하나님은 성취하십니다. 우리가 하나님께 나아가지 않았다는 것을 반드시 기억하십시오. 하나님께서 우리에게 오셨습니다. 우리는 하나님을 찾지 않았습니다. 하나님께서 우리를 찾으셨습니다. 우리가 먼저 하나님을 믿은 것이 아닙니다. 하나님께서 먼저 우리를 믿으셨습니다. 우리는 하나님을 사랑하지 않았습니다. 그분이 우리를 사랑하셨습니다. 우리는 우리의 생명을 하나님께 가져다 드리지 않았습니다. 하나님께서 자신의 생명을 우리에게 가져다 주셨습니다.

하나님의 사랑이 우리의 속량을 주도하셨고, 우리는 우리의 필요에 의해 하나님의 구원에 응합니다. 우리는 하나님께서 구원의 창시자라는 것과 인간은 그의 초청에 응답하기만 하면 된다는 것을 절대로 잊지 말아야 합니다.

"하나님의 큰 그림"의 세 번째 장면은 몇 가지 요소들을 합성하여 우리의 속량자이신 예수 그리스도의 아름다운 얼굴을 나타내는 그림입니다(히 12:2). "하나님의 큰 그림", 즉 복음은 평범한 좋은 소식이 아닙니다. 이는 하나님의 영원한 계획의 핵심 개념이 그리스도 안에서 가시화된 것입니다. 오실 예수님은 구약 전체를 통해 예언되었고(사 7:14, 9:1-7, 42:6, 눅 1:31-33, 67-75), 예수님은 하나님께서 선지자를 통해 약속했던 바로 그 시간에 태어나셨습니다(미 5:2, 갈 4:1-5). 하나님은 아기의 모습으로 오셨고, 동정녀 마리아에게 나셨으며, 예수님의 탄생의 기적은 예수님께서 메시아인 것을 알았던 사람들에게 큰 기쁨이 되었습니다(눅 1:26-2:38).

그리스도의 생명이 인류의 소망이 되다

… 하나님께서 그리스도 안에 계시사 세상을 자기와

그리스도의 대속

화목하게 하시며 … (고후 5:19)

영원한 대예술가이신 하나님은 간단히 그 그림의 캔버스를 찢어버리고 다시 그릴 수도 있었겠지만, 하나님께서는 그의 팔레트와 붓을 들어 사랑으로 인간들의 모습에 아름다움을 다시 회복하기 시작하셨습니다. 하나님은 회색빛 죽음의 고통을 지울 수 있는 유일한 색인 그 분의 보혈의 붉은색을 만드셨습니다(벧전 1:8).

하나님께서 그리스도를 통해 인간의 몸으로 오신 것은 신성과 인성의 융합이었습니다. 이 완벽한 결합은, 비록 가끔은 이해하기 어렵더라도, 인류의 속량을 성취하는데 필수적인 일이었습니다. 가장 중요한 것은 그리스도께서 우리의 대속물로서 우리 죄의 모든 형벌을 담당할 수 있도록, 완전히 인간이 되신 것입니다(히 2:14). 그리고 그리스도께서 완전한 하나님이 되셔야 했던 것도 똑같이 중요합니다. 왜냐하면 오직 하나님만이 죄를 용서하고 인간들이 "무죄"라는 것을 선언할 권세를 가졌기 때문입니다(시 86:5, 마 9:6, 눅 5:21, 행 5:38-39, 요일 1:9).

예수님은 자신의 삶을 통해, 사람들이 이 세상에 있는 동안 어떻게 살아야 하는지 본보기가 되셨습니다. 그분은 아담과 하와가 타락했던 그 곳에서 성공하셨던 것입니다(벧전 1:21-22). 그분은 완벽한 삶을 사셨고, 죄에 대해 저항하셨으며, 하나님 아버지와 지속적으로 교제하셨고, 하나님의 계획을 완성하는 그의 사역을 지속하셨습니다(마 3:17, 요 4:34, 5:30, 8:20, 빌 2:8).

예수님은 인간의 육신에 나타난 본래 하나님의 꿈의 최고의 본보기였습니다. 인성 중에서 하나님의 형상을 훼손하는 것은 육신이 아닙니다. 하나님과 인간 사이의 관계를 단절시킨 것은 죄였습니다. 하나님은 육체를 입은 인간으로 오셔서, 육체를 가진 인류를 지지하셨습니다.

지상에서 그리스도의 삶은 인간이 죄의 속박으로부터 자유로운 삶을 살고, 모든 역경에 대해 하나님의 권세를 주장하며, 창조주와 계속적인 교제를 경험하고, 그들의 삶과 영향력을 통해서 그분을 대표하도록 하고자 한 하나님의 꿈이 육신에 나타난 것입니다. 하나님이면서 또한 사람이었던

그리스도의 대속

예수님은 죄의 문제를 완전히 해결하고 인간의 존재 목적을 밝힐 자격이 있었습니다.

예수 그리스도의 죽음이 인류의 사망 선고를 뒤집다

… 요한이 예수께서 자기에게 나아오심을 보고 가로되 보라 세상 죄를 지고 가는 하나님의 어린 양이로다! (요 1:29)

인류의 유일한 구원자이신 예수님은 온 세상의 죄를 혼자 짊어지셨습니다. 예수님이 자신의 생명을 십자가에서 희생하셨을 때, 그분은 모든 사람들이 완전히 속량되고 죽음의 속박, 즉 하나님으로부터의 단절에서 해방되도록, 인류의 죄에 대한 모든 형벌을 견디셨습니다. 죄가 없으신 그 분께서 인류가 담당해야 할 죄와 죄의 대가를 떠맡으셨습니다. 예수님께서 우리의 죄 값을 지불하셨습니다(눅 1:68, 갈 3:13-14). 예수님만이 유일한 속량자이십니다.

하나님이 죄를 알지도 못하신 자로 우리를 대신하여 죄를 삼으신 것은 우리로 하여금 저의 안에서 하나님의 의가 되게 하려 하심이니라 (고후 5:21)

나의 아버지 티 엘 오스본 박사는 다음과 같은 글을 쓰셨습니다. "죄가 전혀 없는 어떤 사람이 죄인을 대신하려고 한다면, 그리고 그들의 죄에 대한 모든 형벌의 책임을 진다면, 그 죄인은 자유하게 될 것이고, 한 번도 죄를 범한 적이 없었던 것처럼 하나님과의 우정을 다시 회복할 수 있을 것입니다. 이것이 하나님의 생각이었습니다."(티 엘 오스본 지음, 「하나님의 사랑의 계획」(God's Love Plan)

그리스도의 대속은 "하나님의 큰 그림"에서 가장 중추적인 장면으로서 필수불가결한 것입니다. 하나님의 사랑이 모두가 볼 수 있도록 나타나자, 우리의 눈은 인간을 향한 하나님의 열정을 향해 끌립니다. 그분의 십자가의 드라마를 이해하려고 괜한 수고를 할 때, 우리의 마음은 혼란스럽게 됩니다. 우리의 심령은 우리 자신의 끔찍한 형편과 사형 선고를 받은 우리와 자신을 친히 동일시하신 창조자에게 사로잡히게 됩니다.

그리스도의 대속

그리스도는 우리의 죽음의 대속자였습니다. 예수님께서 십자가에서 그분의 삶을 드린 것은, 그가 어떤 잘못을 저지른 죄인이어서가 아니었습니다. 그분은 우리를 위해 우리의 대속자로서 죽으셨습니다. 우리는 죄인이었고, 예수님은 죄가 없으신 분이었습니다(사 53:4-5, 롬 4:25, 고후 5:21, 히 4:14-16, 7:26). 그의 피는 우리에게서 죄의 모든 증거를 도말하고, 우리를 죽음에서 다시 값 주고 사시기 위해, 우리를 속량하시기 위해 쏟아졌습니다. 우리는 죽어 마땅한 존재였지만, 그리스도께서 우리 대신, 우리의 대속자로서 죽으셨습니다. 죽음의 형벌을 견뎌냄으로써, 그분은 우리가 하나님과 함께 새 삶을 살도록 회복시킬 수 있었습니다(요 6:38-40, 롬 6:5-7, 고후 5:22, 히 2:9, 요일 3:18).

파괴된 사탄의 권세

… 하나님의 아들이 나타나신 것은 마귀의 일을 멸하려 하심이니라 (요일 3:8)

그리스도의 대속은 사탄의 횡포와 영향 아래에서의 속박에서 우리를 자유롭게 합니다. 우리는 우리를 짓누르고 지배하던 파괴적인 힘과 부정적인 공격을 이겨낼 힘이 없었습니다. 우리는 하나님 없이는 진리와 속임수를 분별할 수 없었습니다. 도덕적으로 그리고 율법적으로 살려는 우리의 나약한 시도는 계속적으로 좌절되었습니다. 속이는 자는 우리보다 유리한 위치를 차지했고, 우리는 그들의 희생물이 되었습니다.

그리스도께서는 죄 때문에 형벌을 받을 필요가 없었던 것과 마찬가지로, 사탄을 상대로 승리할 필요도 없는 분이었습니다. 하나님이신 그 분은 어떠한 죄도 범하지 않으셨습니다. 그러나 우리는 죄인이었고, 사탄의 속박 가운데 있었습니다. 하나님은 그리스도를 통하여 우리를 대신, 우리를 위하여 사탄을 정복하셨습니다(요 1:1-5,14,16, 요일 3:8).

예수님의 대속적인 죽음, 즉 우리를 위한 그분의 죽음을 믿는 모든 사람들은 죄와 죽음의 법에서 풀려났으며, 사탄의 속임의 통치에서 구원받았으며,

그리스도의 대속

하나님과의 교제를 회복했습니다(골 1:13-14, 2:11-15, 히 2:14-15, 계 5:9).

승리하신 그리스도의 생명

내가 받은 것을 먼저 너희에게 전하였노니 이는 성경대로 그리스도께서 우리 죄를 위하여 죽으시고 장사지낸바 되었다가 성경대로 사흘 만에 다시 살아나사 (고전 15:3-4)

사망아 너의 이기는 것이 어디 있느냐 사망아 너의 쏘는 것이 어디 있느냐 사망의 쏘는 것은 죄요 죄의 권능은 율법이라 우리 주 예수 그리스도로 말미암아 우리에게 이김을 주시는 하나님께 감사하노니 (고전 15:55-57)

터져 나오는 광채와 무지갯빛 승리가 "하나님의 큰 그림"에 멋지게 펼쳐집니다. **그리스도의 대속**은 십자가에서 끝나지 않았고, 그분은 무덤 속에 머물지 않으셨습니다. 그가 죽고 장사된 지 삼일 후에, 하나님은 그를 죽음에서 일으키셨습니다. 그분은 모든 권세와 권능을 가지고 무덤에서 나오셨습니다. 그분은 우리 대신 죽음을 맛보고, 우리를 위해 죽음을 정복하셨으며, 이제 죽음과 지옥과 무덤의 열쇠를 쥐고 계십니다(마 28:18, 행 2:24, 히 2:14-15, 계 1:18). 죽음, 즉 하나님과의 분리는 더 이상 우리의 주인이 아닙니다.

그리스도의 부활의 실재는 그리스도교 신앙의 고유한 **특성**이며, 우리의 속량의 보증입니다(고전 15:13-17). 신약에 나오는 사도들의 가르침의 핵심은 그리스도의 부활이었습니다(행 1:22, 2:31, 4:2, 33:1, 고전 15:1-21). 그들은 예수님께서 죽지 않고 살아 계시다는 것을 알았고 또 선포했습니다(히 13:8).

우리 대신 죽으시고 장사되시고 부활하심을 통하여, 그리스도께서는 우리 죄를 씻으시고(롬 6:6, 14, 골 2:13-14, 히 10:15-22), 우리의 원수를 파멸시키셨으며(눅 10:17-19, 골 2:10, 히 2:14-18, 약 4:7), 우리의 죽음, 즉 하나님과의 분리를 멸하셨습니다(사 59:2, 마 27:51, 롬 8:1-2, 엡 2:14-18, 골 1:18, 벧전 3:18, 계 1:18).

그리스도의 대속

수치가 용서에 굴복하다

우리가 그리스도 안에서 그의 은혜의 풍성함을 따라 그의 피로 말미암아 구속 곧 죄 사함을 받았으니 이는 그가 모든 지혜와 총명으로 우리에게 넘치게 하사… (엡 1:7-8)

하나님의 형상과 모습으로 만들어진 사람의 지각을 어둡게 하던 그 수치와 두려움은 결국 **용서**로 대체되었습니다. 인간은 수치심 속에 살거나, 죄의 무게에 시달리거나, 또는 열등감과 무가치함에 압도당하도록 창조된 존재가 아니었습니다.

분리가 교제관계에 항복하다

이제는 전에 멀리 있던 너희가 그리스도 예수 안에서 그리스도의 피로 가까워졌느니라 (엡 2:13)

사람들을 하나님으로부터 고립되게 하고 또한 인

류의 사이를 심각하게 파괴했던, 창조자와 그의 피조물 사이의 분리는 마침내 **교제관계**로 대체되었습니다. 인간은 불의와 잔인한 불평등을 감당하도록 창조된 존재가 아니었습니다. 인간은 절대로 성별, 피부색, 사회적 지위, 교육 수준과 다른 사회적 특징을 따라 분류되도록 만들어지지 않았습니다.

그들은 그들의 하늘 아버지와 아름답고 친밀한 교제관계를 가지고 서로 온전한 교제와 하나됨을 누리도록 창조되었습니다(골 1:19-22). 하나님이 그의 자녀들을 위해 정하신 모든 것은 하나님과의 교제를 통해 흘러 나갑니다. 하나님과 교제하던 그 아름다운 동산은 예수 그리스도를 믿는 사람들의 심령에서 재창조되었습니다. 하나님의 사랑의 낙원이 회복된 것입니다.

두려움이 평화로 극복되다

이것을 너희에게 이름은 너희로 내 안에서 평안을 누리게 하려함이라 세상에서는 너희가 환난을

그리스도의 대속

당하나 담대하라 내가 세상을 이기었노라 하시니라 (요 16:33)

인간은 하나님이나 다른 사람이나 자기 자신을 두려워하며 살도록 창조되지 않았습니다. 한 때 사람의 태도와 행동을 결정했던 두려움은 이제 하나님의 사랑이 넘치는 임재가 주는 잠잠한 평안으로 대체될 수 있습니다.

천사들은 찬송하며 그리스도의 탄생을 알렸습니다. "지극히 높은 곳에서는 하나님께 영광이요 땅에서는 기뻐하심을 입은 사람들 중에 평화로다"(눅 2:14). **그리스도의 대속**으로 인해, 우리는 이제 하나님과 평화를 누리게 되었습니다(롬 5:1). 이제 두려워하거나 다툴 필요가 없습니다. 그리스도께서 그의 죽으심과 장사되심과 부활하심을 통해 우리를 위해 이루신 것에 대한 기쁜 소식의 메시지가 인류에게 소망을 줍니다(고전 1:18). 인간은 절대로 수치나 주님으로부터의 분리나 두려움의 속박 가운데 살도록 창조되지 않았습니다.

"하나님의 큰 그림"의 지평선에 새겨진 예수 그리스도의 십자가는, 인간에 대한 하나님의 조건 없는 사랑과 하나님 앞에서 인간의 측량할 수 없는 가치와 인간이 하나님께 돌아올 수 있는 확실한 자유를 나타내는 영원한 기념비가 되었습니다. 이 시는 우리를 구원하는 속량 사역을 이룬 **그리스도의 대속**의 고통과 승리를 표현하고 있습니다.

속량

E. W. 케년 지음

어느 한 밤 나는 갈보리 산 위에 섰네.
인자의 아들이 매달렸던 그 곳에
나는 눈을 들어 별들이 가득한 밤하늘을 보며
속량의 계획을 깊이 생각해 보았네.
인류가 빠져들게 했던 그 타락,
죄의 쓰디쓴 속박을 나는 보았네.
보좌를 흔들고 그 은혜의 심령을 감동시키는
고통의 신음소리를 들었다네.

아버지에게서 오신
흠이 하나도 없는 아들을 나는 보았네.

그리스도의 대속

우리와 같은 모양으로, 우리와 같은 본성으로,
죄인을 위해 죽으셨네.
나를 위해 죽으시고 하나님께 버림받은,
그 진홍색의 흐르는 피,
땅을 흠뻑 적시고 있었네.

하늘에 사무치는 그의 울부짖음
잃어버린 영혼을 위한 슬픈 울음소리를 나는 들었네.
'나의 하나님, 나의 하나님,'
그는 그 징벌을 달게 받았고,
죄의 끔찍한 값을 치르셨네.
창백해진 인간의 탄식소리와
충격에 휘둘리는 지구의 소리를 나는 들었네.
죄의 역사는 하나님의 아들을 죽이고,
파도는 그에게 덮쳤네.

우리의 형벌을 지고
고통 중인 그의 영혼이 이제 승리했네.
부활의 아침에
지옥은 싸움에 지고, 그의 능력에 굴복했네.

'오늘 가서 인류에게 기쁜 소식을 전하라!'
그분의 말씀을 나는 들었다네.
우리는 모두 아버지의 은혜로 구원받아,
해방되었다고 하나님은 선언하셨네!

I stood one night on Calvary's height,
> where hung the Son of man,

I raised my eyes to starry skies,
> and mused on redemption's plan,

I saw the Fall, sin's bitter thrall,
> where plunged the human race,

I heard the moan that stirred the throne
> and moved the heart of grace,

I saw the Son, the spotless One,
> come from the Father's side,

In form prepared, our nature shared,
> and for the sinner died,

I saw the tree, He died for me,
> forsaken by His God,

그리스도의 대속

I saw the blood, the crimson flood,
    dripping upon the sod,

I heard His cry that pierced the sky,
    the sad wail of the lost,
'My God, My God,' He kissed the rod,
    and paid sin's awful cost,
I heard the wail as men turned pale,
    the earth reeled at the stroke,
Sin's work was done, it slew the Son,
    its billows for Him broke,

His soul travail doth now prevail,
    our penalty is borne,
His feels His might, yields Him the fight,
    on resurrection morn,
I heard Him say, "Go tell today,
    the Good News to the race,'
By God's decree, we all are free,
    saved by the Father's grace!

"하나님의 큰 그림"은 아직 완성되지 않았기 때문에, 대예술가는 붓을 놓지 않았습니다. 마지막에 펼쳐질 장면에서는 피조물, 즉 하나님께서 그분께로 회복하기 위해 값을 치렀던 존재와 창조자 사이의 회복된 친교의 친밀함이 나타납니다.

네 번째 장면
우리의 속량 (Our Redemption)

"하나님의 큰 그림"에 펼쳐지는 예술은

처음에 에덴동산에서 계획되었지만,

인간의 타락으로 말미암아

비틀어지고 말았습니다.

그것은 그리스도의 십자가에서

다시 세워졌고, 마침내

누구든지 복음을 믿는 모든 사람의

피와 육신에서 구현됩니다.

네번째 장면인 속량의 "하나님의 큰 그림"은 최고의 기적을 묘사하고 있습니다. 인간은 하나님의 친구이자 대사이며 어떤 수치심이나 죄의식이나 정죄감이나 열등감 없이 하나님 앞에 바로 설 수 있는 존재로 회복되었습니다. 속량 받았고, 화목케 되었으며, 새 생명을 얻었고, 새롭고 목적 있는 삶으로 거듭났습니다.

이것이 어떻게 가능할까요? 언제 이 기적이 시작되었을까요? 사람이 어떻게 반응할 때 하나님의 이러한 변화의 능력이 풀어지게 될까요?

상처 받은 자를 치유 받은 자로
타락한 자를 회심한 자로
죽어야 하는 자를 구원 받은 자로
파멸된 자를 속량받은 자로

우리는 하나님의 기적에 동참한다

완전하게 인류를 속량하려는 하나님과 그분의 계획에 대한 전적인 믿음은, 우리의 옛 존재 방식과 하

우리의 속량

나님을 경험하는 새 인생 사이에 중요한 연결이 됩니다. 하나님의 완전하심을 의심하기로 한 아담과 하와의 선택이 그들을 하나님께 불순종하게 하고 하나님과 단절되게 했던 것처럼, 그리스도를 통한 하나님의 속량 사역에 대한 믿음이 우리가 하나님께 순종하고 하나님께로 회복될 것을 선택하게 합니다. 우리는 복음을 믿음으로써, 즉 하나님을 신뢰하고 그의 말씀을 믿음으로써 회복에 참여하게 됩니다.

믿음의 필수 조건들은 "하나님의 큰 그림"의 첫 장면에 생생하게 묘사되었습니다. 하나님의 본래의 창조를 이해하는 것이 우리로 하여금 현재의 회복을 이해하게 합니다.

에덴동산에서는 신뢰 또는 믿음이 하나님께서 창조하신 아담과 하와 커플과 하나님 간의 관계를 결속시키는 요소였습니다. 아담과 하와가 하나님의 말씀에 의문을 가짐으로써 하나님을 의심했을 때, 그들의 행동은 하나님과의 관계를 무효화시켜 버렸습니다. 하나님의 말씀을 의심하는 것은 죄였고 그것은 하나님으로부터의 분리라는 결과를 낳았습니다. 죄의 값은 영적 죽음, 육적 죽음, 그리고 영원한 죽음, 즉 그들의 창조자로부터의 분리였습니다.

하나님은 인류를 이와 같이 깨어진 상태로 내버려두지 않으셨습니다. 하나님은 스스로 인간의 죄를 지시고 죄의 형벌을 감당하심으로 모든 인간을 속량하시기 위해 예수 그리스도로 오셨습니다. 이 대속 사역, 즉 사형 선고 받은 사람들을 대신한 그리스도의 죽음은 하나님으로부터 분리된 사람들의 죄를 깨끗케 도말하셨습니다. **예수님의 대속**으로, 인류를 하나님으로부터 분리시키는 모든 것이 제거되었고, 이전에 죄로 인해 정죄 받았던 모든 사람들이 "무죄"(롬 3:24, 5:9, 리빙바이블) 판결을 받았습니다.

믿음 – 하나님의 주도하심에 대한 우리의 반응

믿음이 없이는 기쁘시게 못하나니 하나님께 나아가는 자는 반드시 그가 계신 것과 또한 그가 자기를 찾는 자들에게 상주시는 이심을 믿어야 할찌니라 (히 11:6)

"하나님의 큰 그림"의 네 번째 장면은 사람들이

우리의 속량

하나님의 구원 계획의 좋은 소식을 듣고 믿을 때에 일어나는 변화를 표현합니다. 태초에 그랬듯이, 믿음은 오늘날에도 요구됩니다.

창조와 타락과 십자가는 그 신성한 성경에 역사적 사건으로 기록되어 있습니다. 믿는 그리스도인들은 믿음을 통해 이 사건들을 사실로 받아들여야만 합니다(히 11:6). 성경의 확실성과 그리스도의 주장의 진실성에 대한 증거들은 무수히 많습니다. 그러나 절대로 우리는 하나님을 믿는 우리의 믿음을 입증하기 위해 오직 경험적인 증거에만 의지할 수는 없습니다. 우리는 개인적으로, 하나님은 실재하시고 그분을 찾는 (또는 그분께 반응하는) 이들에게 상을 주시는 이심을 믿어야만 합니다.

우리의 구원을 위한 유일한 조건은, 하나님을 믿고 또 그분이 예수 그리스도를 통해 성취하신 일이 우리의 완전한 구원을 이루기에 충분하다는 것을 믿는 것입니다(행 10:43, 16:31, 히 11:6). 누구도 우리를 위해 이 결심을 대신할 수 없습니다. 우리 각자는 자신의 구원을 위해 예수님을 믿기로 선택해야만 합니다.

하나님의 사랑이 우리의 속량을 주도하셨고, 그 속량의 은혜의 선물이 되게 하셨습니다(엡 2:8). 우리는 하나님의 말씀을 믿는 우리의 믿음을 통하여, 그 분의 사랑에 반응합니다. 하나님이 태초에 예정하신 것이, 이제는 복음을 믿는 모든 사람들의 육체와 피, 즉 그들의 삶을 통해서 살아있는 실재가 될 수 있습니다(롬 10:9-13).

하나님과 다시 연합될 때 어떤 일이 일어나는가?

하나님의 인류 가족을 위한 에덴동산에서의 본래 청사진은 창조의 모형이자 회복의 기적입니다. 에덴동산의 원형을 상고하면서 그리스도께서 우리를 위해 성취하신 일을 기억한다면, 우리는 그 **회복**이 하나님의 자녀 된 우리의 기업임을 이해할 수 있습니다. 이 경이로운 변화는 먼 미래의 기대가 아닙니다. 현재 경험할 수 있는 일입니다 (고후 6:2).

우리의 속량

 기독교는 단순히 사고방식의 교리적 근거가 아닙니다. 기독교는 예수님에 바탕을 둔 삶의 방식입니다. 그리스도를 믿는 믿음을 통한 우리의 회복은 우리가 하나님과 재결합되었음을 깨닫게 합니다. 이러한 재결합은 우리의 모든 세계관과 가치 체계와 생활방식을 바꿉니다. 우리는 그리스도의 의식을 갖게 됩니다. 이것이 바로 우리가 그리스도인이라 불리는 이유입니다.

 만약 그리스도를 통해서 회복된 하나님과 우리의 관계가 우리의 생활방식을 재형성하지 못한다면, 우리의 믿음은 종교적 철학이나 막연한 미래의 소망보다 나을 것 없이 어떠한 현재적 의미도 갖지 못합니다.

 예수께서 대답하시기를 … 나를 사랑하는 사람들은 내 말을 지킬 것이고, 내 아버지께서 저를 사랑하실 것이며, 그리고 우리가 저에게 와서 거처를 저와 함께 하리라 (요 14:23, 새개정표준역)

 속량의 가장 중요한 결과는 하나님과 사람 간의 관계의 회복입니다. 이 엄청난 속량의 축복을 붙잡기 위해서, 우리는 반드시 태초에 있었던 하나님의 교제의 원형을 기억해야 합니다. 그분은 땅의 흙으로 아담을 만드셨습니다. 그리고 새롭게 만들어진 피조물에 자신의 생명을 불어넣었습니다. 즉 자신의 생기, 또는 영으로 인간에게 생명을 넣은 것입니다. 그리고 하나님은 바람이 불 때 아담과 하와와 함께 에덴동산을 거니셨습니다(창 2:7, 3:8). 그들이 하나님의 신뢰를 저버렸을 때, 그들은 이 친밀한 관계, 이러한 하나님의 임재를 잃어버렸습니다.

속량은 죄를 용서하는 것 그 이상입니다. 그것은 우리 속에 하나님의 생명이 다시 전이되는 것입니다(요 10:10). 이것이 우리의 새로운 시작입니다. 우리는 새로운 정체성을 가집니다. 우리는 다시 태어났습니다(요 3:3-17). 우리가 하나님의 말씀을 믿을 때, 그리스도 안에 있던 하나님의 생명이 이제 기적적으로 우리에게 전이됩니다.

인류를 위한 하나님의 모든 뜻이 하나님과 사람이 연합된 관계를 통해 흘러넘칩니다. 우리가 그리스도를 통하여 하나님과의 개인적인 관계를 발견할 때, 우리 삶의 모든 것이 변화됩니다. 우리를 하

우리의 속량

나님과 분리시켰던 죄는 도말됩니다(시 103:12, 롬 3:24, 딛 2:14, 골 1:14, 21-22, 벧전 2:24-25, 3:18, 롬 5:10). 우리는 하나님과 화평케 되며, 더 이상 하나님과 단절되지 않습니다(롬 5:1,10, 골 1:19-22). 이제 우리는 그분과 함께 걸을 수 있고 그분의 목소리를 알 수 있습니다(엡 5:8). 신성과 인성이 연합되었던 에덴동산에서의 교제관계가 예수 그리스도를 통해서 회복되었습니다.

"하나님의 큰 그림"을 깨닫고 그것을 받아들일 때, 우리의 회복이 시작됩니다. 그리고 인간의 죄로 인한 세 가지 주요한 결과인 수치, 분리, 두려움은 파기됩니다.

회복된 인간의 존귀함

하나님께서 자신의 형상으로 인류를 창조하심으로 예정하신 존귀함에 대해서는 때때로 이해하기가 어렵습니다. 어떤 성경학자들은 하나님과 사람 사이의 관계는 사람 안에 있는 하나님의 형상이라고 믿습니다. 다른 학자들은 사람 안에 있는 하나님의 형상은 그들이 하는 행동이나 수행하는 기능이라고 주장합니다. 그러나 속량의 복음인 "하나님의 큰 그림"에서는, 하나님의 형상이 우리가 가진 소유나 행동이 아니라, 하나님께서 이루신 일로 인해 우리가 얻은 신분임을 분명히 합니다(시 8:5-6).

하나님의 형상은 죄로 말미암아 뒤틀리고 훼손되었습니다. 죄는 인간의 모든 결정 뒤에 있던 선한 동기를 타락시켰습니다(롬 6장, 빌 1:6). 인류 안에 있는 하나님의 형상은, 모든 인간의 생각과 행동을 오염시키는 수치심의 잔여물로 전락했습니다.

우리의 회복에는 우리 안에 하나님의 형상이 복원되는 것도 포함된다는 것이 기쁜 소식입니다. 어떤 사람이 복음을 믿고 하나님과의 관계가 회복되면, 그 사람은 자신의 본래 형상에 합치되는 (또는 재형성되는) 과정이 시작됩니다(롬 8:29). 사람들로 하여금 왜곡되고 열등한 자의식으로부터 반응하게 하던 수치심은 더 이상 잠재의식을 오염시키지 못합니다. 우리의 회복이란, 거듭나기 이전의 우리의 속량

삶에 영향을 미치던 죄의 동기로부터 우리가 자유로워질 수 있음을 의미합니다.

보라 아버지께서 어떠한 사랑을 우리에게 주사 하나님의 자녀라 일컬음을 얻게 하셨는고, 우리가 그러하도다 그러므로 세상이 우리를 알지 못함은 그를 알지 못함이니라 (요일 3:1)

하나님의 자녀 된 우리는 하나님의 왕족의 후손으로서 처음 창조되었던 신분으로 회복됩니다. 그분의 정체성이 다시 한 번 우리의 정체성이 되는 것입니다(갈 2:20). 우리는 하나님 가족의 일원이 됩니다(롬 8:15). 우리의 기업은 그리스도를 믿는 자들 가운데 있습니다(행 26:18, 엡 3:14-15, 벧전 2:9). 우리는 더 이상 정죄감과 죄책감 아래 살지 않습니다(롬 8:1). 우리는 속량되었습니다. 우리의 존귀함이 회복되었습니다.

우리를 속량하기 위해 그리스도께서 치르신 막대한 대가가 하나님께서 보시는 우리의 가치의 척도를 정확히 나타냅니다(벧전 1:18-19). 인간의 존엄성은 우리의 생득권입니다. 우리는 더 이상 우리와 우리의 삶이 무가치하고 무의미하며 하찮다고 말하는 것에 귀를 기울일 필요가 없습니다. 그리스도 안에서 **우리의 회복**은 곧 수치의 제거요 하나님께서 부여하신 인간으로서의 존귀함의 회복을 의미합니다.

다시 불이 켜진 원래의 평등

하나님의 동산의 원형에서는 아담과 하와가 모든 인류를 대표했습니다. 그들 모두가 하나님의 형상과 모습을 따라 창조되었습니다(창 1:27). 하나님은 그분의 인간 후손을 둘 다 축복하셨습니다(창 1:28).

하나님과 그의 피조물 간의 분리는 죄에서 비롯되어, 전 인류에 걸쳐 분열을 낳았습니다. 그 분리는 인간 역사를 통해 전쟁과 불의와 사람들 간의 모든 잔인함으로 표출되었습니다.

타락 이후에, 하나님은 하와에게 그녀의 남편이 그녀를 다스리기 시작할 것이라고 예언하셨습니다(창 3:16). 죄의 결과는 세계 모든 문화의 사회적 규범에 계속 영향을 미치고 있습니다. 남녀의 행동 양식은 결코 불평등하게 만들어지지 않았습니다.

우리의 속량

죄의 분리가 아담과 하와 사이의 아름다운 연합을 무너뜨렸습니다.

오늘날 많은 민족의 문화 속에서, 여자들은 동물보다 단지 조금 더 나은 존재로 여겨지고 있습니다. 더 발달된 사회에서는 성불평등 문제가 좀 더 나아보이지만, 그럼에도 불구하고 만연해 있습니다.

심지어 기독교계에서도 – 죄의 결과인 – 여성에 대한 깊은 편견이 성경 해석에 영향을 끼치고 있으며, 여성 성도들의 역할에 관한 전통적이고 무시하는 태도와 결정들이 계속되고 있습니다.

이와 같이 죄에 뿌리를 둔 사회 분열병은 인종과 문화와 민족과 가족들을 분리시켰습니다. 남녀 간의 대립은 세상 모든 여성들을 상대로 가장 지속적이고 잔인하게 부과하는 불법행위들을 유발했습니다.

"하나님의 큰 그림"의 명쾌한 장면은 우리로 하여금 인간을 동등하게 지은 본래 계획이 죄로 인해 망가졌음을 깨닫게 합니다. 그러나 그리스도를 통한 하나님의 속량 사역은 인류로 하여금 본래 창조된 고상한 지위, 즉 창조자의 연합을 반영한 하나로 연합된 평등 공동체로의 회복을 가능하게 합니다.

예수님께서는 돌아가시기 전에, 우리를 위한 그분의 기도에서 이렇게 말씀하셨습니다. "내가 비옵는 것은 이 사람들만 위함이 아니요 또 저희 말을 인하여 나를 믿는 사람들도 위함이니 아버지께서 내 안에, 내가 아버지 안에 있는 것 같이 저희도 다 하나가 되어 우리 안에 있게 하사 세상으로 아버지께서 나를 보내신 것을 믿게 하옵소서"(요 17:20-21).

경외감을 일으키는 "하나님의 큰 그림"의 네 번째 장면은 태초에 예정하신 하나님의 계획이 회복됨을 나타냅니다. 사람을 하나님으로부터 분리시키고, 또 그들 서로를 분리시켰던 죄를 그리스도께서 제거하셨습니다.

우리의 회복은 모든 사람들이 조화롭고 상호 의존적인 관계로 다시 연합할 수 있음을 의미합니다.

예수 그리스도 안에서 믿음으로 모두가 하나님의 자녀이다. 예수그리스로 세례를 받은 자들은 그리스도로 옷을 입은 것이다. 더 이상 유대인이나 헬라인도 없고, 더 이상 종이나 자유자도 없으며, 더 이상 남자나 여자도 없이 다 예수 그리스도 안에서 하나이다. (갈 3:26-28, 새개정표준역)

우리의 속량

하나님의 구원의 기적을 경험한 모두는 그리스도 안에 있고(고후 5:17), 복음을 믿는 모든 사람 안에 하나님의 생명이 있기 때문에(요 14:23), 더 이상 하나님과 사람, 그리고 사람들 서로 간에는 어떠한 합법적인 분리도 없습니다(엡 2:14-18).

우리의 회복은, 복음의 능력을 통하여 하나님의 임재로부터 인류가 분리된 이래 사회를 병들게 한 상처를 고칩니다. 이제, 예수 그리스도 안에서 남자와 여자, 부자와 빈자, 교양인과 문맹 및 인종적, 민족적, 문화적으로 다른 모든 사람들은 자신의 새로운 정체성, 즉 예정된 평등을 찾을 수 있으며, 그리스도에 대한 믿음과 신뢰라는 공통된 바탕 위에 서로 재결합할 수 있습니다.

새로워진 하나님의 목적

태초에 인간 피조물에 대한 하나님의 계획에는 거룩한 목적들이 포함되어 있었습니다. 하나님은 아담과 하와에게 생육하고 번성하여 하나님을 닮은 피조물들과 함께 이 땅에 살라고 지시하셨습니다(창 1:28).

번성하여 땅에 충만하라는 성경의 명령은, 흔히 단지 자녀를 낳으라는 명령으로 해석되어 왔습니다(창 1:28). 그러나 "하나님의 큰 그림"의 전체 파노라마는 인간의 목적을 종족 보존을 위한 동물의 본능 이상으로 끌어 올립니다.

복음은 인간을 본래 창조하신 목적에 이르게 하기 위해 하나님께서 기적적으로 인류를 회복하셨다는 기쁜 소식입니다. 무엇이 신성한 목적이었을까요? 신약 성경은 인간이 창조된 목적을 나타내는 창세기 1, 2장 속의 진술에 대한 해답을 제시합니다.

기억하십시오. 하나님의 계획은 태초에 정해졌고, 인간의 타락으로 인해 좌절되었다가, 그리스도에 의해 회복되었습니다. 그리스도를 통한 하나님의 속량 사역은 새로 창조된 것이 아닙니다. 그것은 하나님의 본래 계획을 재창조한 것입니다. **우리의 회복**을 이해하기 위해서, 우리는 하나님의 창조를 다시 돌아봐야 합니다.

예수께서 이렇게 말씀하셨습니다. "나는 포도나

우리의 속량

무이며, 너희는 가지이다. 저가 내 안에 살고, 내가 저 안에 있으면 이 사람들은 과실을 많이 맺을 것이고, 나를 떠나서는 너희가 아무것도 할 수 없을 것이다. 너희가 과실을 많이 맺으면 내 아버지께서 영광을 받으실 것이고, 너희가 내 제자가 될 것이다. 너희가 나를 택한 것이 아니라 내가 너희를 택하였다. 그리고 내가 너희로 가서 과실을 맺게 하고, 그 과실이 항상 있을 것은, 내 이름으로 아버지께 무엇을 구하든지 다 받게 하려 함이다"(요 15:5,8,16, 새개정표준역).

태초에 인간 피조물로 하여금 하나님의 형상을 닮은 피조물을 생산하게 하신 것과 같이, 하나님은 그리스도인들에게 하나님의 형상을 닮은 피조물들, 즉 예수 그리스도의 복음을 믿고 이 땅에서 하나님의 형상으로 회복된 사람들을 재생산하는 영광스런 목적과 사명을 부여하십니다.

그러므로 누구든지 그리스도 안에 있으면, 새로운 피조물이라. 이전의 모든 것은 지나갔다, 보라 모든 것이 새것이 되었도다! 모든 것이 하나님께로 났나니, 저가 그리스도로 말미암아 우리를 자기와 화목하게 하시고,

또 우리에게 화목하게 하는 직책을 주셨다. 이는 그리스도 안에서 하나님께서 세상을 자기와 화목하게 하시며, 저희의 죄를 저희에게 돌리지 아니하시고, 화목하게 하는 말씀을 우리에게 부탁하신 것이다. 그러므로 우리는 그리스도를 위한 대사이고, 하나님은 우리를 통해서 호소하신다. 그리스도를 대신하여 우리가 간구하는 것은, 너희는 하나님과 화목하라. 우리를 위해서 죄를 알지 못하진 이가 죄가 되신 것은, 그 분 안에서 우리가 하나님의 의가 되게 하시기 위한 것이다. (고후 5:17-21)

하나님께서 그리스도 안에서 육체가 되신 것처럼, 그리스도도 우리 안에서 육신이 되십니다. 하나님께서 그리스도를 통해서 우리를 그분 자신께로 회복시키실 때, 하나님은 이 땅에서 그분의 대사로서 우리의 목적을 새롭게 하십니다. 우리는 기쁜 소식을 전하는 하나님의 대사가 되어, 다른 사람들도 하나님께 돌아올 수 있도록 초대합니다. 이것이 그리스도의 목적이었으며, 이제는 우리의 목적입니다. 그리스도의 화목케 하는 귀한 사역은 우리를 통해서 계속됩니다.

사람들을 하나님께, 그리고 서로 간에 화목케 할

우리의 속량

수 있는 기회는 누구나 경험할 수 있는 경이롭고 삶을 바꾸는 부름입니다.

우리 안에 계신 그리스도의 생명은 용서와 치유와 위로와 교제를 통해 다른 사람들에게 표현되기를 갈망하는 사랑입니다(고후 5:14). 그리스도를 믿는 모든 사람들은 이 어두운 세상에 빛이 되는 고귀한 목적으로 회복됩니다(마 5:13-16).

"하나님의 큰 그림", 즉 복음은 다음과 같은 신성한 계시입니다.

속량은 하나님의 계획에서 시작되었습니다.

속량은 분리를 통해서 검증되었습니다.

속량은 그리스도를 통한 승리입니다.

그리고 속량은 이제 우리에게 맡겨졌습니다.

너희는 너희가 하나님의 성전인 것과 하나님의 성령이 너희 안에 계시는 것을 알지 못하느냐 (고전 3:16)

그리스도는 이제 그의 백성들, 즉 그의 교회, 그의 지체와 같은 그분을 믿는 사람들을 통해 자신을 나타내십니다. 말씀[하나님]은 그리스도 안에서 육체가 되셨습니다(요 1:14). 이제 그 동일한 말씀이 성도들 안에서 육체가 되십니다. 우리의 목적은 그리스도께서 그의 지상 사역 동안 시작하셨던 하나님과 다시 화목케 하는 일을 계속하는 것입니다. 본질적으로 이것이 그리스도의 몸인 교회의 사역입니다.

하나님은 어떤 목적을 위해 사람을 만드셨습니다. 그 목적은 그들 모두가 하나님의 살아있는 성전이 되어, 하나님을 알지 못하는 다른 사람들이 하나님의 사랑의 초청, 즉 복음을 듣고, 그것을 믿음으로 그들 또한 하나님과 다시 연합할 수 있게 하는 것입니다.

다시 초점이 맞추어진 그림

"하나님의 큰 그림"의 분명한 관점으로 보면, 세상이 갑자기 다르게 보입니다. 더 이상 세상은 위협적으로 보이지 않습니다. 오히려 우리는 이 세상을 우리가 영향력 있고 목적 있는 삶을 살 터전으로 봅니다. 사람들은 더 이상 두려워하거나 지배당할 필요가 없습니다. 그들은 스스로를 하나님의 사

우리의 속량

랑과 속량의 능력이 나타나는 하나님의 소중한 피조물로 인식합니다.

속량은 하나님의 백성 안에 있고 또 그들을 통해 나타나는 하나님의 계획의 회복입니다. 이는 사랑이 넘치는 창조주와 그의 아름다운 인간 피조물이 목적 있는 교제 안에서 다시 연합되는, 에덴동산의 생활방식으로의 복원이며 회복이며 복귀입니다.

우리는 어디로 가야하나?

복음이 무엇입니까? 그것은 하나님의 계획을 구성하는 네 개의 역동적인 사건을 포함합니다. 이 네 개의 사실에 대한 분명한 개념이 있어야, 성경을 이해할 수 있습니다.

하나님의 창조는 복음을 이해하고 전달하기 위한 출발점입니다. 가장 고귀하고 존엄한 역사적 사실은, 각 사람이 하나님의 자녀이며 각자가 가치 있고 신성한 목적을 위해서 창조되었음을 아는 것입니다.

사탄의 속임은 복음의 전체 영역의 핵심 요소입니다. 이 세상의 대재난과 악행과 불법은 하나님의 계획이 아니었습니다. 사탄의 간교한 속임은 아담과 하와가 하나님을 의심하게 하여 그들을 하나님의 생명으로부터 분리시키고, 인류를 사탄의 죽음의 노예가 되게 했습니다.

그리스도의 대속은 인간의 딜레마를 뒤집는 하나님의 주도적인 사랑이므로, 복음의 핵심입니다. 하나님은 그리스도의 몸으로 오셔서 죄를 담당하시고 인류의 죄로 인한 형벌을 견디셔서, 그리스도를 믿는 사람들이 다시는 심판에 이르지 않도록 하셨습니다.

우리의 회복은 복음의 절정입니다. '하나님의 창조'와 '사탄의 속임'과 '그리스도의 대속'에 대한 지식으로, 사람들은 그들이 왜 하나님과의 우정을 회복하고 목적과 기쁨이 있는 삶을 회복했는지 이해할 수 있게 됩니다.

"하나님의 큰 그림"의 네 번째 장면에서 드러나는 기적적인 사실은 하나님께서 다시 한 번 사람 안에 사실 수 있다는 것입니다. 그리스도는 사람을 하나

우리의 속량

님으로부터 분리시켰던 죄를 제거하셨습니다. 복음을 듣고 믿음으로 그리스도를 받아들이는 순간, 그 사람은 하나님과 다시 연합됩니다. 새로운 탄생이라고도 불리는 이 기적은, 그리스도를 믿는 자들에게 그리스도의 생명이 전이되는 것입니다(요일 5:12, 고후 4:11, 6:16,18). 우리가 예수 그리스도를 믿고 하나님께로 구원될 때, 하나님의 성령은 다시 우리를 살리는 생명이 되시고, 우리를 이 땅에서 그의 형상으로 회복시키십니다(요 20:21-22, 요일 3:1-2).

그리스도 안에서 하나님께로 회복된 모든 사람들은 하나님의 생명을 지닌 자가 됩니다. 죄, 즉 사망의 상태(또는 하나님으로부터의 분리)는 그리스도를 통해 제거되었고, 이는 하나님께서 오셔서 사람들 안에 그리고 사람들을 통해서 사시는 것을 가능케 합니다. 이러한 그리스도의 임재는 성경적인 그리스인에게 있어서 살아있는 실재입니다.

사도 바울은 이렇게 말했습니다. "내가 그리스도와 함께 십자가에 못 박혔나니 그런즉 이제는 내가 산 것이 아니요 오직 내 안에 그리스도께서 사신 것이라 이제 내가 육체 가운데 사는 것은 나를 사

랑하사 나를 위하여 자기 몸을 버리신 하나님의 아들을 믿는 믿음 안에서 사는 것이라"(갈 2:20)

그리스도가 사람들 속에 살기 위해 오시면, 최고의 해방의 실재가 그들 안에 확립됩니다.

하나님의 목적이 그들의 목적이 됩니다.
하나님의 뜻이 그들의 뜻이 됩니다.
하나님의 동정심이 그들의 동정심이 됩니다.
하나님의 에너지가 그들의 에너지가 됩니다.
하나님의 생각이 그들의 생각이 됩니다.
하나님의 열정이 그들의 열정이 됩니다.
하나님의 우선순위가 그들의 우선순위가 됩니다.
하나님의 본성이 그들의 본성이 됩니다.
하나님의 평안이 그들의 평안이 됩니다.
하나님의 신분이 그들의 신분이 됩니다.
그리고 하나님의 **생명**이 그들의 **생명**이 됩니다(요일 4:17).

성경적인 그리스도인의 신앙의 가장 위대한 기적은 그리스도가 그를 믿고 받아들이고 그분을 구원자와 주님으로 믿는 사람들 안에 살기 위해 오신다는 것입니다.

우리의 속량

[하나님은]아무도 멸망치 않고 다 회개하기에 이르기를 원하십니다(벧후 3:9).

그리스도, 즉 그의 생명과 죽음과 부활을 믿는 우리의 믿음이 하나님의 기적이 우리 안에서 시작되도록 허락합니다. 복음을 믿기로 선택할 때, 우리는 즉시 사망의 노예에서 풀려나서, 생명의 자유로 회복됩니다. **우리의 회복**의 기적은 "하나님의 큰 그림"이 그림의 떡이 아니라 살아있는 체험으로 우리 안에서 실제화 되는 것입니다.

모든 사람이 이 좋은 메시지를 듣고 기꺼이 받아들이는 것이 바로 하나님의 간절한 열망입니다(요 1:2, 6:37, 행 2:21). 상상 속에서, 나는 복음의 세 번째 장면의 끝에 계신 하나님, 즉 십자가를 뒤로 하고 서 계신 하나님과 그분 앞에 펼쳐진 우리의 미래를 볼 수 있습니다. 하나님의 팔은, 하나님과 관계를 맺는 하나님의 동산으로 오라고 손짓하며, 우리를 하나님 자신과 하나님의 목적으로 회복시키시는 복음의 네 번째 장면으로 펼쳐져 있습니다.

하나님께서는 당신이 그분이 창조하신 독특한

존재임을 발견하고, 하나님의 계획이 펼쳐지며 꽃 피게 되는 경이로운 당신의 삶을 보도록 부르고 계십니다.

에필로그
하나님의 계획 안에서 자신을 발견하기

**이제 당신은 "하나님의 큰 그림",
하나님의 위대한 계획의
파노라마를 봅니다.**

이는 창세기에서 아름답고 섬세하게 시작되었고,

추하고, 어두운 타락의 사망을 통과하여,

십자가에서 색채를 입고 희망으로 밝아졌으며,

이제 복음을 듣고 믿는 사람들의 삶 속에서

재창조의 예술을 계속하고 있습니다.

내가 복음을 부끄러워하지 아니하노니, 이 복음은 모든 믿는 자에게 구원을 주시는 하나님의 능력이 됨이라, 첫째는 유대인에게요 또한 헬라인에게 로다. 복음에는 하나님의 의가 나타나서 믿음으로 믿음에 이르게 하나니, 기록된바, 오직 의인은 믿음으로 말미암아 살리라 함과 같으니라 (롬 1:16-17)

이 기쁜 소식은 당신과 나를 포함한 우리 모두를 위한 것입니다(요 1:12, 6:37, 행 2:21).

당신을 위한 하나님의 사랑의 계획에 대한 놀라운 계시를 다시 묵상해 봅시다. 당신은 어떤 장면에 있습니까? 당신의 삶에 일어났던 사건들 때문에 아직 일정 정도의 수치심 가운데 살고 있습니까? 외롭고 고독하고, 사람들 속에 둘러싸여 있을 때에도 혼자 떨어져 있는 것 같습니까? 삶의 범위를 제한하는 극복할 수 없는 두려움이 있습니까?

기억하십시오, 수치심이나 고립감이나 두려움 속에 사는 것은 당신을 향한 하나님의 계획이 아닙니다. 이 책의 목적은 당신이 눈을 들어, 하나님께서 얼마나 당신을 사랑하시는지 그리고 당신을 데려오기 위해 하나님께서 얼마나 무한한 값을 치르 하나님의 계획 안에서 자신을 발견하기

셨는지 볼 수 있도록 돕는 것입니다. 당신을 사랑하시는 창조자에게 있어 당신의 삶은 상상할 수 없을 만큼 가치가 있습니다.

나는 전 세계를 돌며 많은 나라에서 그리스도의 복음을 선포하는 특권을 누려왔습니다. 하나님의 계획의 기쁜 소식을 듣고 이해하기만 하면, 모든 대륙의 사람들의 하나님의 변화시키는 능력을 삶에서 체험했습니다. 변화시키지 못할 정도로 힘든 환경은 없습니다. 회복할 수 없을 정도로 희망 없는 사람은 없습니다. 풀지 못할 정도로 복잡한 문제는 없습니다. 치료할 없을 정도로 너무 늦은 질병도 없습니다. 구원받지 못할 정도로 극악한 죄도 없습니다. 복음은 모든 인류의 필요에 대한 하나님의 해답입니다.

다음의 이야기는 행동으로 나타난 하나님의 사랑이 가지는 속량의 능력을 예증할 것입니다.

포악한 독재자 이디 아민(Idi Amin)의 통치기간 중에 동아프리카 우간다에 베티 안디루(Betty Andiru)라는 여인이 살았습니다. 극악무도한 군인들은 지도자의 야만성을 닮아, 마을을 불 지르고,

내키는 대로 살인하고, 소녀들과 여자들을 가리지 않고 강간하는 등 몇 년 동안 상상할 수 없는 방법들로 우간다 사람들을 탄압했습니다. 하나님과 단절된 사람들은 동물보다 못한 만큼 비열해지고, 같은 사람들을 상대로 잔인한 폭력들을 저지를 수 있게 됩니다.

어느 날 군인들이 베티의 마을로 들어왔고, 그녀를 납치해서 지속적으로 강간했습니다. 그들은 베티를 가두고, 강간하고, 고문하고, 그리고 결국 그녀가 분노로 미치게 될 때까지 학대했습니다. 증오로 가득한 사탄의 영이 그녀를 사로잡자 그녀는 개처럼 짖으며, 사람들을 공격하고 그들을 물어뜯기 시작했습니다. 그녀는 쇠고랑에 묶여서 야생동물처럼 취급 받으며 우리 속에 던져진 음식을 먹으며 지냈습니다. 베티의 생활은 하나님의 아름다운 피조물을 파괴하고자 하는 원수 마귀의 광기를 생생히 보여주었습니다.

아민의 야만적인 정부가 붕괴되자, 우리는 믿음의 대형 전도 집회를 열기 위해 우간다로 갔습니다. 우간다 전체에 그들을 향한 하나님의 실패하지 하나님의 계획 안에서 자신을 발견하기

않는 사랑과 사탄의 속박에서 그들을 건져내는 하나님의 계획을 상기시켜줄 사람이 필요했습니다.

매일, 수천 명의 사람들이 그리스도를 통한 하나님의 구원의 계획을 믿었고, 하나님을 자신의 삶으로 모실 때 수백 건의 치유 기적들이 나타났습니다. 장님들이 눈을 떴고, 귀머거리의 귀가 열렸으며, 절름발이가 걷기 시작했습니다. 진실로 복음은 모든 믿는 사람들에게 하나님의 권능이 됩니다.

어느 날, 20만 명이 넘는 사람들이 참석한 가운데, 나의 어머니 데이지 워시번 오스본 박사는 강단에 서서 사탄의 종이 되었던 그들을 구원하기 위한 하나님의 사랑과 계획을 선포했습니다.

군중은 그녀의 말에 몰두했습니다. 억압받던 우간다 사람들은 하나님 안에서 새로운 희망을 붙잡았습니다. 그들은 마치 광야에서 말라비틀어진 식물과 같이, 하나님의 사랑의 말씀이 쏟아지자 생명의 생수를 미친 듯이 빨아들였습니다.

베티의 상황을 아는 한 그리스도인이 그녀를 집회로 데리고 왔습니다. 그녀는 계속적으로 짖어댔기에, 집회를 방해하지 않기 위해 가장 구석진 자리에 묶여 있어야 했습니다. 우리는 집회동안 계속 짖는 소리를 들었지만 그저 누군가의 개가 짖는 것으로 여겼습니다.

말씀이 선포된 후, 예수 그리스도를 구원자로 모셔 들이고 그 분의 제자가 되도록 사람들을 인도했습니다. 그 날 수천 명의 사람들이 회심했습니다. 그리고 나서, 데이지 박사는 자신이 회중을 위해 대표 기도를 할 동안, 몸이 아픈 사람들이 그들의 손을 어디든지 아픈 부위에 스스로 얹게 했습니다. 그녀는 주님께서 지상 사역 동안 행하셨던 것과 똑같은 기적으로 하나님의 살아계심을 나타내 달라고 구했습니다.

어마어마한 군중들 가운데 놀라운 기적들이 일어나기 시작했습니다. 절름발이, 앉은뱅이, 중풍환자들이 걷기 시작하며, 목발과 부목과 휠체어들을 자신의 머리 위로 들어 올렸습니다. 사람들이 그리스도가 자기에게 하신 일을 간증하자, 기쁨의 함성이 열광적으로 터져 나왔습니다.

우리는 그리스도가 자신의 삶에 주신 기적을 간증하기 위해 강대상에 나오는 사람들을 환영했습

하나님의 계획 안에서 자신을 발견하기

니다. 몇 분 지나지 않아 강대상은 치료의 기적을 경험한 남자와 여자와 아이들로 넘쳐났습니다.

초라한 한 시골 여자가 마이크를 잡고 말하기 시작했습니다. 베티였습니다. 잔악한 군인들에 의해서 학대 받고 개처럼 짖던 그 여자였습니다. 그녀는 완전히 치유되었고, 친구들이 그녀가 군중을 뚫고 나오도록 도와주어 사람들은 그녀에게 일어난 기적에 대해 들을 수 있었습니다.

베티는 오물로 뒤덮여 있었습니다. 머리카락에는 마른 잡초가 엉겨있었습니다. 옷은 더럽고 엉클어져 있었습니다. 무언가 놀라운 일이 그녀에게 일어난 것이 분명했습니다. 그녀의 눈은 아름답고 맑았습니다. 우리에게는 그 눈이 천사의 눈처럼 보였습니다. 그녀가 이야기를 하는 동안 그녀의 뺨 위에 눈물이 흘러내렸습니다.

베티는 자신을 학대하고 강간했던 사람들에게 복수하겠다고 마음먹자 증오가 자신을 사로잡았다고 말했습니다. 결국 그녀는 복수할 생각에 사로잡혀 상처받은 야생 동물처럼 변하고 말았습니다. 그녀는 어떻게 그 전도 집회에 오게 되었는지는 기억할 수 없었지만, 스피커를 통해 들리는 데이지 박사의 목소리를 듣고 있는 동안 무슨 일인가가 그녀에게 일어났습니다. 갑자기 베티가 제정신으로 돌아온 것입니다. 멸망의 모진 마귀가 그녀를 떠났습니다. 증오와 복수는 사랑과 평안으로 바뀌었습니다.

그녀가 짓밟힌 경험의 끔찍한 수치들을 이야기하자, 그 자리에 있던 모든 사람들이 함께 울었습니다. 그들은 베티의 끔찍한 고통의 기억들을 씻어버린 하나님의 사랑의 기적에 경탄했습니다. 하나님은 그녀의 정신을 회복시키시고 새로운 삶을 주셨습니다.

베티는 고향에 있는 가족에게 돌아갔습니다. 13년 전에 그녀는 한 선하고 점잖은 청년과 결혼하기로 했었습니다. 놀랍게도 그 청년은 그때까지 그녀를 기다리고 있었습니다. 베티가 복음을 전하고 그녀의 정신과 마음을 회복시킨 하나님의 기적을 간증하자, 고향 사람들은 그리스도를 믿고 받아들였습니다. 베티와 갓 거듭난 그리스도인 남편은 우간다에서 그리스도의 사랑의 능력의 산 증인이 되었습니다.

하나님의 계획 안에서 자신을 발견하기

　나는 회복의 기적이 어떻게 일어나는지 설명할 수가 없습니다. 상처 받은 사람들에게 예수 그리스도의 복음이 전해지는 곳마다 예수님은 그 곳에 계셔서, 기적과 사랑의 회복을 통해서 그의 부활한 생명을 나타내십니다. 매번 나타난 역사들은 예수 그리스도가 어제나 오늘이나 영원토록 동일하시다는 또 하나의 명백한 증거입니다(히 13:8).

　파푸아 뉴기니, 중국, 러시아, 잠비아 또는 세상의 어느 나라이든지 내가 복음을 가르치고 말씀을 선포하는 곳마다, 나는 인류를 위해 하나님께서 예정하셨던 하나님이 창조와 에덴동산의 삶에 대해서 강조합니다. 하나님의 본래의 창조의 의미를 붙잡을 때, 사람들은 성경에서 밝히고 있는 "큰 구원"(히 2:3)이 얼마나 경이롭고 타당하며 완벽한지를 이해할 수 있습니다.

　가라사대 내가 은혜 베풀 때에 너를 듣고 구원의 날에 너를 도왔다 하셨으니 보라 지금은 은혜 받을만한 때요 보라 지금은 구원의 날이로다 (고후 6:2)

　오클라호마의 털사에 있는 우리의 본 교회, 국제 복음 센터(International Gospel Center) 예배당

151

에는 큰 현수막이 걸려 있습니다. 이는 이 책의 핵심을 포괄하는 성경의 4가지 진리를 공표합니다.

1. 하나님은 살아 계십니다.
 (There is a God)
2. 하나님께 한 계획이 있습니다.
 (God has a plan)
3. 하나님의 계획은 이루어지고 있습니다.
 (God's plan is working)
4. 하나님의 계획에는 당신이 포함되어 있습니다.
 (God's plan includes you)

오늘날, 당신도 그리스도를 통한 하나님의 속량 사역을 믿기로 선택해야 합니다. 그분의 사랑과 그분의 용서와 그분의 생명을 받아들이십시오. 이 책에서 말하는 네 가지 근본 원리를 믿는 순간, 하나님의 기적이 당신 안에서 시작되고 당신의 삶에는 두 가지 놀라운 일이 일어나게 됩니다.

첫째, 당신은 평생 한 번도 죄를 짓지 않은 것처럼, 그분의 자녀로서 하나님께 회복됩니다. 당신은 그리스도의 몸 가운데 들어갑니다. 그리스도 안에서 모든 정죄감에서 해방되어 하나님 앞에 서게 됩니다 하나님의 계획 안에서 자신을 발견하기

(마 26:28, 요 1:12, 롬 5:1, 8:1, 고후 5:17, 21, 골 1:14, 히 10:17, 벧전 5:7).

둘째, 그리스도의 생명, 즉 그분의 영이 당신 안에서 역사하기를 시작하고, 당신을 그리스도의 형상으로 만들어 가십니다(롬 8:29). 이것은 당신 안에 계신 하나님의 임재의 능력에 의해, 당신이 모든 면에서 점차 그리스도처럼 되어간다는 의미입니다. 하나님의 생명이 당신의 생활방식을 바꾸어 가시면, 하나님의 계획에 따라 당신은 인류를 회복시키시는 하나님의 능력을 다른 사람에게 증거 하는 자가 됩니다(시 37:23-24, 롬 8:37, 고전 3:16-17, 고후 6:16, 18, 갈 2:20, 빌 1:6, 골 1:27).

그리스도 안에서 당신이 하나님 앞에 섬으로써, 그리스도는 당신 안에서 세상 앞에 서게 됩니다. 이것이 당신의 고귀한 새로운 정체성과 거룩하게 예정된 목적이 됩니다.

"하나님의 큰 그림"을 마음에 깊이 간직하십시오. 이 네 개의 장면은 당신이 하나님의 사랑을 완전히 이해하고 또 하나님의 생명을 개인적으로 경험할 수 있도록, 하나님의 계획을 분명히 보여줍니다.

복음의 **첫 번째 장면**은 하나님의 아름다운 꿈과 당신을 위한 본래의 계획을 묘사합니다. 하나님께서는 그분의 형상과 모습으로 당신을 창조하시고 그분과 교제와 조화를 이루며 살도록 예정하셨습니다.

두 번째 장면은 사탄의 치명적이고 파괴적인 역사를 설명합니다. 이는 인류를 하나님의 임재로부터 분리시킨 대재앙을 초래했고 모든 고통과 형벌을 야기했습니다.

세 번째 장면은 그의 아들 예수 그리스도를 통한 하나님의 측량할 수 없는 사랑을 그립니다. 그리스도는 당신 대신 당신의 죄에 대한 형벌을 견디셔서, 당신이 하나님 가족의 일원으로서 하나님께 회복될 수 있도록 당신을 속량하셨습니다.

네 번째 장면은 거듭난 당신을 보여줍니다. 당신은 하나님께도 속량되었고, 값을 주고 되산 바 되었고, 화해되었고, 회복되었습니다. 당신은 그분의 친구이자 동역자로서 다른 사람을 그분과 화해시키는 자입니다. 당신은 하나님의 본래 계획으로 다시 옮겨졌습니다.

하나님의 계획 안에서 자신을 발견하기

하나님의 속량의 계획을 이해하고 믿으면, 당신은 마치 한 번도 하나님과 분리된 적이 없었던 것과 같습니다. "하나님의 큰 그림"은 완성되었습니다. 하나님의 꿈이 회복되었습니다.

지금 믿으십시오 –
그리고 자신이 **"하나님의 큰 그림"**
안에 있음을 인정하십시오.

라도나 C. 오스본의 국제 사역

라도나 오스본은 50여 년 전 그녀의 부모 티 엘과 데이지 오스본이 세운 '오스본 국제 사역'과 '세계 선교 교회'의 CEO이자 부의장이다.

오늘날 '오스본 미니스트리'는 모든 대륙에서 예수 그리스도의 복음을 전하고, 직접 개최하는 집회와 훈련, 그리고 132개 언어로 출판된 복음 서적을 통해서 80개국이 넘는 나라로 나가고 있다.

라도나 오스본 박사는 오클라호마 털사의 '국제 복음 센터 교회'를 근거지로 하여, 국제적으로 250개가 넘는 교회 및 사역 단체와 연결되어 있는 IGCF(The International Gospel Center Fellowship of Churches and Ministries)의 설립자이자 목사이다. 그녀는 7,000명의 목사와 9,000개의 교회와 전 세계 100만 성도들을 대표하는 은사주의 교회의 국제 모임(the international communion of Charismatic Churches) 협회의 일원이다.

그녀의 국제 사역은 교회에 대한 그리스도의 이중 임무를 나타낸다. 1) 교회가 없는 곳에서 복음을 전하고, 2) 믿는 성도들이 이 세상에서 그리스도의 대사가 되도록 훈련시킨다. 오스본 박사의 복음의 영향력은 대형 기적 집회, 지도자, 목사, 전도단, 여성 컨퍼런스, 복음서 배부, 복음적인 교육 과정 제작, IGCF에 참여하는 목사와 교회 대상 교육과 감독 등을 통해 나타나고 있다. 그녀는 널리 알려져 있고, 세계 선교와 교회 인도에서 권위자로서 존경을 받고 있다.

라도나 오스본은 오클라호마 시티 대학(Oklahoma City University)에서 학사를 받았고, 오랄 로버츠 대학(Oral Roberts University)에서 실천 신학으로 석사를 획득했으며, 미국 기독 신학원(American Christian and College and Seminary)에서 신학 박사(Doctor of Ministry)를 받았다. 그녀와 남편은 오클라호마 털사에서 살고 있다.

믿음의 말씀사 출판물   http://faithbook.kr

케네스 해긴의 「믿음 도서관」책들   케네스 해긴 지음 · 김진호 옮김

- 믿는 자의 권세 (생애기념판) | 양장본 신국판 264p / 값 13,000원
- 당신이 알아야 하는 신유에 관한 일곱 가지 원리 | 국판 112p / 값 5,000원
- 기도의 기술 | 국판 208p / 값 7,000원
- 인간의 세 가지 본성 (증보판) | 국판 128p / 값 5,500원
- 어떻게 하나님의 영으로 인도받을 수 있는가? | 국판 208p / 값 7,000원
- 믿음의 계단 | 국판 240p / 값 8,500원
- 마이더스 터치 | 국판 272p / 값 10,000원
- 당신을 향한 하나님의 계획 | 국판 240p / 값 8,500원
- 하나님 가족의 특권 | 국판 176p / 값 6,500원
- 나는 환상을 믿습니다 | 국판 208p / 값 7,000원
- 하나님의 계획과 목적과 추구 | 국판 224p / 값 8,000원
- 역사하는 기도 | 국판 256p / 값 9,000원
- 병을 고치는 하나님의 말씀 | 국판 184p / 값 7,000원
- 영적 성장 | 국판 192p / 값 7,000원
- 치유의 기름부음 | 국판 344p / 값 10,000원
- 크게 성장하는 믿음 | 국판 160p / 값 6,000원
- 신선한 기름부음 | 국판 176p / 값 7,000원
- 예수 열린 문 | 국판 216p / 값 8,000원
- 믿음이란 무엇인가 | 국판 64p / 값 2,500원
- 진짜 믿음 | 국판 56p / 값 2,000원
- 기름부음의 이해 | 국판 264p / 값 9,000원
- 그리스도께서 지금 하고 계시는 일 | 국판 64p / 값 2,500원
- 승리하는 교회 | 신국판 496 p / 값 15,000원
- 믿음의 양식 | 국판 384 p / 값 13,000원
- 조에 | 국판 96 p / 값 4,000원
- 그리스도의 선물 | 신국판 368 p / 값 12,000원
- 믿음이 흔들리고 패배한 것 같을 때 승리를 얻는 법 | 신국판 160 p / 값 7,000원
- 충분하고도 넘치는 하나님 엘 샤다이 | 국판 64 p / 값 2,500원
- 하나님의 말씀 : 모든 것을 고치는 치료제 | 국판 72 p / 값 3,000원
- 그리스도 안에서 | 문고판 48p / 값 1,000원
- 새로운 탄생 | 문고판 48p / 값 1,000원
- 방언기도의 능력을 풀어 놓으라 | 문고판 64p / 값 1,200원
- 재정 분야의 순종 | 문고판 48p / 값 1,000원
- 말 | 문고판 48p / 값 1,000원

- 나는 지옥에 갔다 왔습니다 | 문고판 48p / 값 1,000원
- 하나님의 처방약 | 문고판 48p / 값 1,000원
- 더 좋은 언약 | 문고판 48p / 값 1,000원
- 옳은 사고방식 틀린 사고방식 | 문고판 64p / 값 1,200원
- 속량 - 가난, 질병, 영적 죽음에서 값 주고 되사다 | 문고판 64p / 값 1,200원
- 예수의 보배로운 피 | 문고판 48p / 값 1,000원
- 하나님을 탓하지 마십시오 | 문고판 48p / 값 1,000원
- 네 주장을 변론하라 | 문고판 48p / 값 1,000원
- 셀 모임에서 성령인도 받기 | 문고판 48p / 값 1,000원
- 네 염려를 주께 맡겨라 | 문고판 80p / 값 2,000원
- 성령을 받는 성경적인 방법 | 문고판 64p / 값 1,200원
- 안수 | 문고판 48p / 값 1,000원
- 치유를 유지하는 법 | 문고판 48p / 값 1,000원
- 사랑은 결코 실패하지 않습니다 | 문고판 48p / 값 1,000원

기타 「믿음의 말씀」 설교자의 책들

- 성령의 삶 능력의 삶 | 데이브 로버슨 지음 · 김진호 옮김 / 국판 480p / 값 13,000원
- 왕과 제사장 | 김진호 지음 / 국판 136p / 값 6,500원
- 믿음의 반석 | 최순애 지음 / 국판 352p / 값 12,000원
- 새 언약의 기도 | 최순애 지음 / 신국판 192p / 값 8,000원
- 스미스 위글스워스의 천국 | 스미스 위글스워스 지음 · 박미가 옮김 / 신국판 320p / 값 11,000원
- 위글스워스는 이렇게 했다 | 피터 J. 매든 지음 · 박미가 옮김 / 국판 272p / 값 9,000원
- 행동하는 신자들 | T. L. 오스본 지음 · 김진호 옮김 / 46판 112p / 값 4,000원
- 기적 - 하나님 사랑의 증거 | T.L. 오스본 지음 · 김진호 옮김 / 46판 144p / 값 4,500원
- 새롭게 시작하는 기적 인생 | T.L. 오스본/라도나 오스본 지음 · 박미가 옮김 / 46판 288p / 값 8,000원
- 좋은 인생 | T. L. 오스본 지음 · 박미가 옮김 / 신국판 416p / 값 13,000원
- 성경적인 치유 | T.L. 오스본 지음 · 김진호 옮김 / 국판 272p / 값 10,000원
- 100개의 신유 진리 | 티 엘 오스본 지음 · 김진호 옮김 / 문고판 48p / 값 1,000원
- 믿음의 말씀 고백 기도집 | 잔 오스틴 지음 · 김진호 옮김 / 46판 160p
- 하나님의 사랑의 흐름 | 잔 오스틴 지음 · 김진호 옮김 / 46판 48p
- 견고한 진 무너뜨리기 | 잔 오스틴 지음 · 김진호 옮김 / 46판 48p
- 초자연적인 흐름을 따르는 법 | 잔 오스틴 지음 · 김진호 옮김 / 46판 96p
- 당신의 운명을 바꿀 수 있습니다 | 잔 오스틴 지음 · 김진호 옮김 / 46판 96p
- 복을 취하는 법 | R.R.쏘아레스 지음 · 김진호 옮김 / 국판 128p / 값 5,500원
- 믿음으로 사는 삶 | 코넬리아 나훔 지음 · 신현호 옮김 · 김진호 추천 / 46판 176p / 값 6,000원
- 그리스도 안에 있는 나를 인정하기 | 마크 행킨스 지음 · 김진호 옮김 / 문고판 48p / 값 1,000원
- 여기서 머물지 말라 | 크리스 오야킬로메 지음 · 김진호 옮김 / 46판 72p / 값 2,500원
- 방언기도학교 31일 | 크리스/애니타 오야킬로메 지음 · 이종훈/김인자 옮김 / 46판 80p / 값 2,500원

당신을 향한 '하나님의 계획'을 찾아 이루고 싶지 않으십니까?

당신은 인생에서 이런 것들을 원하지 않습니까?

- 당신의 삶을 향한 하나님의 최고의 계획을 찾아 살 수 있습니다.
- 셀 교회 원리를 체득하여 교회개척의 프론티어가 될 수 있습니다.
- 새 언약의 비밀인 새로운 피조물의 실체를 확실히 깨달을 수 있습니다.
- 하나님의 영으로 인도받으며 그 흐름을 따르는 법을 배울 수 있습니다.
- 성령의 삶 능력의 삶을 사는 하나님의 군대의 장교가 될 수 있습니다.

예수 선교 사관학교가 당신을 그 곳으로 인도할 것입니다.

- 열매로 검증된 강사들
- 현장 실습과 체험적 지식
- 셀 교회 선교 네트워크와 연결
- 다른 사람에게 가르칠 수 있는 내용

예수 선교 사관학교는 당신을 위해 하나님이 세우신 훈련소입니다.

'셀 교회 개척과 번식 원리' 라는 가죽 부대 안에 케네스 해긴 목사님이 세우신 미국 털사의 레마 성경 훈련소에서 가르치는 '믿음의 말씀' 이라는 새 포도주를 레마 출신 현역 사역자들이 배달할 것입니다.